Bibliothekspraxis

Herausgegeben von
Paul Kaegbein, Franz Georg Kaltwasser,
Wolfgang Kehr, Günther Pflug
und Joachim Wieder

Band 14
Approval Plans als Instrument
der Literaturerwerbung

Verlag Dokumentation
Pullach bei München 1975

Approval Plans als Instrument der Literaturerwerbung

Von Ekkehard Arnold

VD

Verlag Dokumentation
Pullach bei München 1975

AUTOR

Dr. Ekkehard Arnold
Universitätsbibliothek Freiburg/Breisgau

HERAUSGEBER
DER REIHE „BIBLIOTHEKSPRAXIS"

Prof. Dr. Paul Kaegbein, Bibliotheksdirektor
Technische Universität Berlin

Dr. Franz Georg Kaltwasser, Bibliotheksdirektor
Bayerische Staatsbibliothek, München

Prof. Dr. Wolfgang Kehr, Bibliotheksdirektor
Universität Freiburg/Breisgau

Prof. Dr. Günther Pflug, Direktor
Hochschulbibliothekszentrum NW, Köln

Dr. Joachim Wieder, Bibliotheksdirektor
Technische Universität München

Druck/Binden: Friedrich Pustet, Regensburg
Printed in West Germany
ISBN 3-7940-4014-7

Vorwort

Das Thema dieser Arbeit wurde aus aktuellem Anlaß gewählt. Im vergangenen Jahr bereisten verantwortliche Mitarbeiter führender amerikanischer Grossisten auf dem Buchsektor wie Richard Abel oder Baker & Taylor u.a. eine Reihe deutscher Universitätsbibliotheken, um für ihre approval- und Informationsprogramme, die sich auf englisch-, z.T. auch anderssprachige*) wissenschaftliche Literatur erstrecken, zu werben. Mehrere Bibliotheken beteiligen sich seitdem an diesem oder jenem Projekt, sei es in kleinerem oder auch größerem Rahmen. Die traditionellen Hauptformen der Literaturerwerbung an deutschen Universitätsbibliotheken, die auf der Grundlage einmal von unverlangten oder verlangten Ansichtssendungen für deutsche Publikationen, zum anderen von unverlangter oder auf Festbestellung gelieferter ausländischer Literatur beruhen, sollen also um eine dritte Möglichkeit erweitert werden, die seit nunmehr über einem Jahrzehnt an amerikanischen Bibliotheken verschiedener Größenordnung besteht. Dies wirft eine Fülle von Fragen und Problemen auf, da die Bibliotheksverhältnisse in den USA und Deutschland doch in vieler Hinsicht verschieden, genauer gesagt, anders gelagert sind. Insbesondere die Übertragbarkeit solcher Programme auf den deutschen Bereich bildet eine grundsätzliche Frage.

Da es sich hier, was den Sinn und Zweck von Approval Plans angeht, um ein in Deutschland noch wenig bekanntes Terrain handelt, werden im Teil I dieser Arbeit Entstehung, Hintergründe und Erfahrungen, die in den USA inzwischen gemacht wurden, dargelegt. Das Hauptgewicht liegt dabei auf dem Kapitel 'Erfahrungen in der Praxis', in dem über die Experimente und Programme verschiedener Bibliotheken, die in führenden amerikanischen Bibliothekszeitschriften veröffentlicht sind, referiert wird. Um die Materie einigermaßen übersichtlich zu gestalten und in der Fülle der Aspekte das Wesentliche sichtbar zu machen, werden jeweils nur die Hauptpunkte und die signifikanten Ergebnisse angeführt. Vor- und Nachteile sowie Einzelprobleme und daraus zu ziehende Folgerungen kommen gleichermaßen zu Wort. Es ist klar, daß dem Thema entsprechend die Hauptabsicht dieser Arbeit nur darin liegen kann, in einem zusammenfassenden Überblick ein Phänomen, das seit einiger Zeit in den USA nicht enden wollende Diskussionen auslöste, z.T. noch auslöst – dies freilich inzwischen in einer spürbaren Versachlichung –, in seinen wesentlichen Gesichtspunkten zu explizieren. Eigene Untersuchungen und Erfahrungen waren hier natürlich nicht möglich. Es würde daher nicht überraschen, wenn das Fehlen von klaren Stellungnahmen und Bewertungen mit abschließendem Urteil gewisse Kritik hervorriefe. Doch ist der Zeitpunkt hierfür, insbesondere was den deutschen Bereich angeht, noch viel zu früh, mithin eine objektive Beurtei-

*) z.B. bietet die Firma Abel u.a. auch spanische und portugiesische Literatur aus Südamerika an.

lung unmöglich. Selbst in den USA sind nach relativ langer Laufzeit von Approval–Programmen Gesamturteile nur mit Vorbehalten zu fällen. Da nämlich die Gruppe der Firmen mit Approval Plans hinsichtlich Kapazität, Qualität und Service in sich sehr große Unterschiede aufweist, da aber wiederum in den Erfahrungsberichten der Bibliotheken Namen nur in den seltensten Fällen genannt werden, ist nicht leicht herauszufinden, ob sich die geäußerte Kritik und Unzufriedenheit nur auf die Approval-Programme bestimmter Firmen konzentrieren läßt, andere dagegen überhaupt nicht tangiert, so daß sie nicht grundsätzlicher Natur wäre oder ob sie die Idee im ganzen in Frage stellt. In dieser Beziehung bleibt also eine nicht unerhebliche Unsicherheit der Bewertung.

Im Teil II werden sodann die Programme der Firma Richard Abel und der Exportbuchhandlung O. Harrassowitz vorgestellt. Diese Firmen wurden allein deswegen ausgewählt, weil sie im Bereich der wissenschaftlichen Bibliotheken über sehr lange Erfahrungen mit Approval Plans verfügen und schließlich derzeitig sehr differenzierte Approval–Programme aufgebaut haben.**

Auf eines muß noch hingewiesen werden: Im Text finden mehrfach die Ausdrücke 'Grossist' und 'Buchhändler' Anwendung. Diese werden ausschließlich synonym gebraucht, d.h. 'Buchhändler' meint nicht, wie im Deutschen üblich, den örtlichen Sortimentsbuchhandel, der gänzlich außerhalb der Betrachtung liegt. Der Ausdruck deckt sich vielmehr, ebenso wie 'Grossist' mit dem im anglo-amerikanischen Buchhandel gebräuchlichen Begriff 'wholesaler', was in Deutschland, allerdings nur bedingt, dem Grosso-Buchhandel oder den Barsortimenten entspricht. Die unterschiedliche Bezeichnung wurde allein deshalb getroffen, um eine gewisse Monotonie der Sprache zu vermeiden.

Ein Vorwort könnte nicht besser schließen als mit dem Dank an alle diejenigen, die dem Verfasser mit ihrer Unterstützung und Hilfe zur Seite standen. In erster Linie gilt der Dank Herrn Dr. Mittler, LB Karlsruhe, der die Richtung des Themas wies und die Arbeit wiederholt mit Rat und Tat förderte. Ebenso Herrn Professor Dr. Kehr, UB Freiburg, der in manchen Detailfragen wichtige Hinweise gab. Ein besonderer Dank geht an Herrn Bernhard Starkmann, dem Managing Director der Niederlassung der Firma Richard Abel in Amsterdam, der bereitwillig und objektiv alle Fragen beantwortete, selbst die besonders kritischen,

**) Eine umfassende Dokumentation aller bedeutenden Firmen mit Approval–Programmen enthält der Anhang des Sammelbandes: Advances in Understanding Approval and Gathering Plans in Academic Libraries. Ed. by P. Spyers-Duran u. D. Gore. Kalamazoo 1970. (Proceedings of the Second International Seminar on Approval and Gathering Plans in Large and Medium Size Academic Libraries, Held at Western Michigan University on October 30-31, 1969).

und der großzügig wichtige Informationen, die sonst unerreichbar gewesen wären, zur Verfügung stellte. Ferner gilt der Dank der Verlagsbuchhandlung O. Harrassowitz, vertreten durch Herrn R.W. Dorn, Herrn Dr. Dorn und Herrn Bauer für die umfassende Darlegung ihres Approval–Programmes, ebenso für eine Reihe von Gesprächen und Auskünften Herrn Florstedt, UB Freiburg, Herrn Dr. Maihoff, UB Regensburg, Herrn Nowak, Deutsche Bibliothek Frankfurt a.M., Herrn Dr. Olzien, UB Göttingen, Herrn Dr. Schmidt, UB Freiburg, Herrn Dr. Wiegand, UB Konstanz, Herrn Dr. Dr. Will, UB Freiburg und Herrn Dr. Wimmer, UB Regensburg. Ohne sie alle wäre diese Arbeit in der vorliegenden Form nicht zustande gekommen.

Freiburg i.Br., Dezember 1974 E.A.

Folgende für amerikanische Bibliothekszeitschriften gebräuchliche Abkürzungen werden im Text verwendet:

CRL = College and Research Libraries
LJ = Library Journal
LQ = Library Quarterly
LRTS = Library Resources and Technical Services

Inhalt

Teil I

A. Problem einer Definition des Begriffs 'approval plan'. Verschiedene Arten von Approval Plans: allgemein – nach Sachgebieten – nach Sprachbereichen – nach Ländern – nach Erscheinungsformen

Die gewählte Formulierung 'Problem einer Definition' mag auf den ersten Blick überraschen, da der Begriff 'approval plan' oder 'books on approval' in dem Zusammenhang, in dem er gewöhnlich gebraucht wird, ohne große Schwierigkeiten in der Weise umschrieben und verstanden werden kann, daß es sich – ganz allgemein gesagt – um eine spezielle Art der Erwerbung handelt, die den Vorteil mit sich bringt, daß den Bibliotheken von eigens darauf spezialisierten Grossisten vor einem definitiven Kauf Bücher zur Ansicht und zur Prüfung vorgelegt werden. Was damit erreicht werden soll, ist einmal eine bessere Auswahl der Literatur an Hand des Buches selbst, sodann eine optimal schnelle Lieferzeit. Zweck und Ziele solcher Programme sind somit klar umrissen, nicht jedoch der Begriff 'approval plan' an sich. Überblickt man nämlich die Literatur, die sich mit Fragen der Erwerbung auf der Basis von Standing Orders, Blanket Orders, Gathering Plans, Approval Plans und Dealer Selection Plans befaßt, so fällt auf, daß bis heute, was den Begriff 'approval plan' angeht, keine verbindliche Definition erfolgt ist. Vielmehr sind die Grenzen zu den anderen angeführten Programmen wie Blanket Orders, Gathering Plans etc. fließend. Sieht man von dem Begriff 'standing order' ab, der auf Grund seiner eindeutig festgelegten Merkmale für sich steht, so kann man sogar sagen, daß im Bereich der anderen genannten Bezeichnungen jede für die andere stehen kann und so auch in der Literatur häufig verwendet wird. Selbst während des dritten Approval Plan–Seminars, das vom 17.-19. Februar 1971 in West Palm Beach/ Florida unter Teilnahme namhafter Spezialisten auf diesem Gebiet stattfand, konnte man sich nicht auf den längst fälligen einheitlichen Sprachgebrauch einigen, wie R.E. Chapin[1] in seiner zusammenfassenden Schlußbetrachtung beinahe schon resignierend feststellt.

Entsprechend dieser Tatsache stößt man in der Literatur auf eine Reihe verschiedener Benennungen. G.A. Kosa[2] spricht ebenso wie R. Wedgeworth[3]

1) Summary Statement. In: Economics of Approval Plans. Ed. by P. Spyers-Duran u. Daniel Gore. Westport 1972. S. 117. (Proceedings of the Third International Seminar on Approval and Gathering Plans in Large and Medium Size Academic Libraries, Held in the Ramada Inn, West Palm Beach, Florida, February 17-19, 1971).

2) Book Selection Trends in American Academic Libraries. The Australian Library Journal 22. 1972. S. 422.

3) Foreign Blanket Orders: Precedent and Practice. LRTS 14. 1970. S. 266.

unterschiedslos von „blanket orders or approval plans". An anderer Stelle[4] sieht er die Approval Plans als eine neue Version von Blanket Orders, durch die gewährleistet sein soll, daß die minderwertige und unwichtige Literatur vom Kauf ausgeschlossen wird[4a]. H.W. Axford[5] prägt den Begriff „domestic blanket approval plan" und M. Wilden-Hart[6] zählt sogar zu den verschiedenen Arten von Approval Plans global alle Publisher Standing Orders. Eine so weitgehende Gleichsetzung ist freilich nur in diesem einen Fall in der Literatur festzustellen.

Einzig H.K. Rebuldela[7] bemüht sich, Klarheit in die verworrene Terminologie zu bringen. Sie unterscheidet deutlich zwischen Blanket Orders auf der einen und Approval Plans auf der anderen Seite. Nach ihren Feststellungen und Erfahrungen wird ein Blanket Order–Kontrakt gewöhnlich mit einem Verleger geschlossen und bezieht sich auf alle Publikationen dieses Verlegers. Ein Rückgaberecht wird der Bibliothek zumeist nicht eingeräumt. Die Bereitstellung von Mehrfachdurchschlägen in der Form 3 x 5 mit bibliographischen Angaben für eine zwischenzeitliche Kontrolle bis zum Eintreffen der Bücher ist von den Verlagen generell nicht vorgesehen.

Ein Approval Plan dagegen wird nach Rebuldela zwischen der Bibliothek und einem Grossisten vereinbart. Dieser wählt entsprechend den von der Bibliothek gemachten Spezifikationen und an Hand des zuvor erstellten Profils – sei es nach Fachgebieten, nach Ländern oder anderen Gesichtspunkten – alle entsprechenden Neuerscheinungen auf dem Monographiensektor aus und liefert diese mit Rückgaberecht in vereinbartem Umfang an die Bibliothek.

Rebuldelas Versuch fand jedoch kaum Echo, wie die Arbeiten zu diesem Themenkreis in der Folgezeit zeigen, so daß die Aussage von C. Steele[8], der mit Bezugnahme auf Rebuldela formulierte „This distinction is one of the most useful so far proposed but, of course, a blurring of this division constantly takes place", auch heute noch Geltung besitzt.

4) a.a.O. S. 421.

4a) Dieselbe Ansicht bei K. McCullough, Approval Plans: Vendor Responsibility and Library Research. A Literature Survey and Discussion. CRL 33. 1972. S. 369.

5) The Economics of a Domestic Approval Plan. CRL 32. 1971. S. 368.

6) The Long-term Effects of Approval Plans. LRTS 14. 1970. S. 400 f.

7) Some Administrative Aspects of Blanket Ordering: A Response. LRTS 13. 1969. S. 343.

8) Blanket Orders and the Bibliographer in the Large Research Library. Journal of Librarianship 2. 1970. S. 274.

D. Melcher[9] unternahm es zuletzt, Blanket Orders / Gathering Plans und Approval Plans gegeneinander abzugrenzen. Doch ist gerade dieser Versuch allzu pauschal ausgefallen und läßt sich zudem von der Praxis her gesehen in keiner Weise bestätigen. Melcher konstatiert nämlich als entscheidendes Kriterium, daß Blanket Orders an großen Bibliotheken, Approval Plans an kleinen Bibliotheken praktiziert werden. Die Erfahrungsberichte verschiedener Bibliotheken, auf die an späterer Stelle noch ausführlich eingegangen werden muß, bezeugen indessen anderes.

Auch die Ausführungen von R.D. Rogers und D.C. Weber[10] zu diesem Thema führen nicht weiter, zumal die Behauptung, daß Approval Plans sich gewöhnlich nur auf inländische Literatur erstrecken, nicht zutrifft.

Trotz dieser Schwierigkeiten der Terminologie, die nicht zuletzt darauf zurückzuführen sind, daß alle diese zwischen einer Bibliothek und einem Buchhändler vereinbarten Erwerbungsprogramme doch ganz ähnliche Zwecke und Ziele verfolgen, gilt es freilich festzuhalten, daß man, was den Inhalt und die Funktion eines Approval Plan angeht, im wesentlichen übereinstimmender Meinung ist. Insbesondere folgende Grundprinzipien sind aus der Literatur klar zu ersehen: Ein Approval Plan setzt die absolute Notwendigkeit eines eindeutig formulierten Erwerbungsprogrammes von seiten der Bibliothek voraus. Darauf aufbauend wird das sogenannte 'Profil' eines oder mehrerer Fachgebiete erstellt, das erst ein erfolgreiches Funktionieren ermöglicht. Alle Approval Plans befassen sich ausschließlich mit Neuerscheinungen, überwiegend im Monographienbereich. Modifikationen und Eingrenzungen sind in jeder Phase der Laufzeit möglich. Kostenfreies Rückgaberecht eines bestimmten Prozentsatzes[11] der gelieferten Publikationen ist von den Buchhändlern gewährleistet – dies im Unterschied zu Standing orders, wo diese Klausel gewöhnlich fehlt.

Im folgenden sollen die wichtigsten Arten von approval plans kurz vorgestellt werden[12], die sich im Verlauf der letzten zehn Jahre allmählich herausgebildet

9) Melcher on Acquisition. Chicago 1971. S. 109.

10) University Library Administration. New York 1971. S. 121 f.

11) Die Grenze liegt bei ca. 10 %. Es trifft nicht zu, wenn A. Dahl-Hansen und R.M. Dougherty, Acquisitions in 1967. LRTS 12. 1968. S. 180 und Acquisition Trends 1968. LRTS 13. 1968. S. 376 sagen, daß die Rückgabequote im Ermessen der Bibliothek stehe und im Extremfall sogar alle gelieferten Titel umfassen könne. Dies würde doch bald das jeweilige Projekt ad absurdum führen. Es sei zugegeben, daß im Anfangsstadium der Prozentsatz häufig höher liegt – vgl. die Ausführungen S. 32 –, doch werden erfahrungsgemäß rasch Änderungen am Profil vorgenommen, so daß sich die oben genannte Fixzahl einpendelt, zumeist sogar unterschritten wird.

12) Grundlage für diese Ausführungen bildet D. Gore, Understanding Approval Plans. In: Advances in Understanding Approval Plans a.a.O. S. 8.

haben. Am Anfang der Entwicklung steht der ganz allgemein gefaßte Approval Plan, der noch keine besonderen Vereinbarungen und Spezifikationen enthielt. Von den Bibliotheken ausgewählte Grossisten lieferten alle monographischen Neuerscheinungen, von denen sie annehmen konnten, daß sie für wissenschaftliche Bibliotheken von Interesse sind. Mit der Zeit erkannte man jedoch auf beiden Seiten die Notwendigkeit, daß einerseits eine Aufteilung nach Sachgebieten erfolgen und andererseits strengere Auswahlkriterien erarbeitet werden sollten. Es entstand so der 'approval plan by subject', d.h. nach Fachgebieten, wie Geschichte, Sozialwissenschaften, Medizin u.a. mit einem bis ins kleinste Detail festgelegten Fachprofil, nach dem die Publikationen ausgewählt und geliefert werden – zu Anfang übrigens fast ausschließlich auf konventionelle Weise, d.h. ohne ADV–Einsatz. Diese Form von Approval Plans ist inzwischen, wie den Berichten und Statistiken einer Vielzahl von Bibliotheken zu entnehmen ist, die gebräuchlichste geworden. Daneben gibt es den 'approval plan by language', wobei die Literatur in bestimmten Sprachbereichen wie in Englisch, Deutsch, Französisch mit oder ohne Vereinbarungen erworben wird, sodann den 'approval plan by nation', der nach Ländern alle Publikationen erfaßt. In beiden Fällen spielen die Fachgebiete nur eine sekundäre Rolle. Eine speziellere Art bildet schließlich der 'approval plan by form', der sich entweder nur auf Bücher oder auf Schallplatten – Notensammlungen, Ausstellungs- und Museumskataloge beschränkt. Alle diese Formen sind generell sowohl auf inländische als auch auf ausländische Literatur anwendbar.

B. Allgemeine Beschreibung des Approval–Plan–Verfahrens

Manches, was in diesem Kapitel dargelegt wird, ist bereits im Vorherigen angedeutet, aber noch nicht in seinem notwendigen Zusammenhang gesehen. Es sollen daher die einzelnen Schritte und wesentlichen Punkte eines Approval Plan der Reihe nach vorgeführt werden und zwar allgemein, d.h. ohne auf das Programm einer bestimmten Firma einzugehen, was im Teil II dieser Arbeit geschieht.

Hat sich eine Bibliothek für die Aufnahme eines Approval Plan entschieden, so arbeitet sie als erstes, zusammen mit einem Vertreter der gewählten Firma, die Bedingungen für das geplante Projekt aus[13]. So wird u.a. bei einem Approval Plan by Subject das sogenannte Fachprofil erstellt, das eine Aufschlüsselung des entsprechenden Faches in eine Vielzahl von Positionen darstellt[14]. Die Bibliothek macht dabei genaue Angaben, in welchen Positionen eine Lieferung erwünscht ist oder nicht. Diese selbst vollzieht sich, ohne daß zuvor von der Bibliothek irgendwelche Bestellformulare ausgefüllt werden müssen, entsprechend dem erarbeiteten Profil entweder wöchentlich, vierzehntäglich oder monatlich, je nach den Wünschen der Bibliothek und der Menge der anfallenden Neuerscheinungen. Wichtig ist, daß dies in regelmäßigen Abständen geschieht, damit eine kontinuierliche interne Bearbeitung des angelieferten Materials in der Bibliothek gewährleistet ist[15]. Wichtig ist ferner, daß der Grossist gute Beziehungen zu einer möglichst großen Anzahl von Verlagen unterhält, damit er einmal über ein breitgefächertes Angebot verfügt und damit zum anderen die Lieferung auf dem schnellsten Weg vom Verleger zum Buchhändler und von dort zur Bibliothek erfolgen kann. Denn die Schnelligkeit der Lieferungen ist eines der maßgeblichen Kriterien eines Approval Plan überhaupt. Jedenfalls muß der Händler im Normalfall schneller oder zumindest ebenso schnell sein wie die Verzeichnisse der Neuerscheinungen in Publisher's Weekly (Weekly Record) und The Bookseller.

13) Zur Veranschaulichung werden im Anhang I (S. 95 ff.) die Vereinbarungen der Stanford University Libraries vorgeführt, die in ihrem ersten Teil allgemeiner, sodann spezieller Art sind, und alle Fragen der Auswahl und Lieferung umfassen.

14) Vgl. hierzu S. 74

15) So hat z.B. die Colorado State University in Boulder den Liefertermin bis auf den Tag und die Stunde genau festgelegt. Vgl. dazu L.W. Anderson, Internal Systems for Handling Approval Plans: A Case Study. In: Economics of Approval Plans a.a.O. S. 60 ff., der eine detaillierte Beschreibung aller Arbeitsabläufe vom Eintreffen einer Sendung in der Bibliothek bis zum Einstellen der Bücher im Magazin gibt.

Mitglieder der Faculty[16] oder der Bibliothek, die über die entsprechenden Fachkenntnisse verfügen, prüfen sodann, ob die einzelnen Titel mit dem Profil übereinstimmen oder nicht, ob eventuell Reihen- oder Serientitel mitgeliefert wurden, deren Bezug bereits über Standing Orders bei anderen Firmen sichergestellt ist. Außerdem werden die Titel von Zeit zu Zeit mit den neuesten Verzeichnissen der National- und Fachbibliographien verglichen — das sogenannte Checking —, um sicher zu gehen, daß wichtige Publikationen vom Buchhändler nicht übersehen wurden. Die für positiv befundenen Titel finden anschließend ihre weitere Bearbeitung, die negativen gehen an den Lieferanten zurück, wobei die Rückgabequote im Bereich von 5-10 % liegen sollte. Fällt diese höher aus, sind umgehend Änderungen des Profils und noch detailliertere Vereinbarungen vorzunehmen.

Es muß an dieser Stelle ein Fragenbereich berührt werden, der sich an die obigen Ausführungen anknüpft. Wer wählt auf der Seite des Buchhändlers entsprechend dem Profil die Literatur aus? Über welche Hilfsmittel hierfür verfügen die Grossisten? Wie zuverlässig sind ihre Quellen? Immerhin gilt es festzuhalten, daß durch den Händler die Vorauswahl in eigener Regie getroffen wird, die zwar nicht endgültig, aber dennoch von einiger Bedeutung ist. Erstaunlicherweise sind in der einschlägigen Literatur nur vereinzelt Spuren einer Auseinandersetzung mit diesen Problemen zu finden. Man kann daraus ersehen, daß die amerikanischen Bibliotheken diesen Fragen keine zentrale Bedeutung zumessen[17]. Soviel läßt sich jedoch feststellen: Die Auswahl geschieht zumeist durch eine Art von Referenten, die für spezielle Fächer zuständig sind und darin lange Erfahrung besitzen, teilweise, etwa bei kleineren Firmen, durch Personal ohne solche Kenntnisse. Die Hilfsmittel und Quellen sind vornehmlich Verlagsinformationen, Vorankündigungen, dann aber auch Verzeichnisse wie Publisher's Weekly, Kataloge und Nationalbibliographien. Gerade in diesem Bereich bleiben bis heute Fragen unbeantwortet. Denn wer mit Vorausinformationen von Verlagen in der Praxis schon gearbeitet hat, weiß auch, wie problematisch diese sein können. Zu Recht weist E. Gren[18] auf Nachteile und Schwächen wie Titeländerungen und daraus entstehende Dublettengefahr, Nichterscheinen und mangelnde bibliographische Angaben hin.

16) Unter dem Begriff 'faculty' versteht man im amerikanischen Universitätssystem die Gesamtheit des Lehrkörpers. 'Faculty' deckt sich also nicht in seiner Bedeutung mit unserem Wort 'Fakultät'. Vgl. zu dieser Frage F. Redenbacher, Berufsstand und Ausbildung der Amerikanischen Bibliothekare in den USA. Wiesbaden 1956. S. 13. (Beiträge zum Buch- und Bibliothekswesen. Bd. 5.)

17) Über die Gründe wird im folgenden Kapitel noch ausführlicher zu sprechen sein.

18) Zur Frage der Methode der Bücherauswahl in den wissenschaftlichen Bibliotheken. Libri 9. 1959. S. 77

Wie schon gesagt, soll dieser Fragenkreis hier nur berührt werden. Im Kapitel über die Möglichkeiten von Approval Plans an deutschen Bibliotheken ist darauf zurückzukommen.

C. Voraussetzungen für das Entstehen der Approval Plans

1. Die Praxis der Buchauswahl im amerikanischen Bibliothekswesen. Das Verhältnis von 'faculty' und 'library'

Nach den Ausführungen über den Begriff, die Ziele und den Ablauf eines Approval Plan ist nun die Frage nach den maßgeblichen Gründen zu stellen, die von der Idee her eine solche Erscheinung wie das Approval–Programm überhaupt erst entstehen ließen. Ferner die Frage, weshalb gerade in den USA. Um dies zu verdeutlichen, muß man weiter ausholen und die Erörterung sowohl auf die speziellen Buchauswahlmethoden an amerikanischen Bibliotheken, als auch auf die Struktur des Buchhandelswesens in den USA ausdehnen. In der Approval Plan–Literatur ist diese Frage nach den tieferen Gründen und Zusammenhängen noch nicht so explizit gestellt worden, doch lassen sich aus einer Reihe von Fakten, Aussagen und Andeutungen hinreichend sichere Schlüsse ziehen. Das im folgenden Dargelegte will also als eine These verstanden werden, die in dieser Form bisher noch nicht in der Literatur vorzufinden ist.

Mit der Notwendigkeit der Buchauswahl in Bibliotheken auf Grund einer zu schnell expandierenden Buchproduktion war das Ende eines umfassenden Sammelns ohne Beschränkungen gekommen[19]. Dieses Ideal ließ sich aus räumlichen und finanziellen Gründen nicht mehr aufrechterhalten. Zugleich stellte sich die Frage, da nun eine Auswahl des Wichtigen und Wesentlichen erfolgen mußte, wer wählt aus, was sollte ausgewählt und wie sollte ausgewählt werden.

Die Frage nach dem 'Wer' kann nur einen Personenkreis ansprechen, der ausreichend Kenntnisse besitzt, wichtiges und nicht wichtiges Schrifttum in einem bestimmten Fach voneinander zu trennen. Im Bibliothekswesen einer Universität sind dies entweder der Lehrkörper oder Bibliothekare mit entsprechendem Fachwissen oder beide Gruppen in Zusammenarbeit. Für das, was zur Auswahl gelangt, bilden die Fachkenntnisse den Maßstab, freilich mit einem gewissen Faktor der Unsicherheit. Da es die Aufgabe der Bibliotheken ist, nicht nur für die Gegenwart, sondern auch für die Zukunft Literatur zu sammeln, ist die Frage zu stellen, was in der Zukunft wissenschaftlich relevant ist und was nicht. Doch wird diese Frage zu keiner Zeit eine gesicherte Antwort finden, da durchaus morgen wichtig sein kann, was heute unwichtig ist und umgekehrt. Die Frage nach dem 'Wie' wurde erst in jüngster Zeit gestellt. Bislang bildete die herkömmliche Methode eine Einzelauswahl – Titel für Titel – bei der Durchsicht von Bibliographien, Katalogen, Prospektmaterial u.a.. Seit die Bestrebungen aufkamen, als wesentliches Hilfsmittel feste Verträge und Absprachen mit

19) Zur Frage der 'comprehensiveness' vgl. L.C. Merritt, Are We Selecting or Collecting? LRTS 12. 1968. S. 140-142.

Buchhändlern miteinzubeziehen, auf deren Grundlage die Literatur automatisch geliefert wird, d.h. ohne daß die Bibliotheken im Einzelfall eine Bestellung aufgeben müssen – man denke etwa an Standing Orders, Orders en bloc, Blanket Orders –, ist die Diskussion auffallend kontrovers, welche der beiden angeführten Möglichkeiten die effektivere ist[20].

Diese Fragen bilden einen der zentralen Problemkreise im amerikanischen Bibliothekswesen. Dabei ist die Frage, wem nun eigentlich das Recht der Buchauswahl zusteht, die am meisten diskutierte. Es kann nicht im Sinne dieser Arbeit liegen, auf die unübersehbare Fülle der Literatur gerade zu diesem Punkt näher einzugehen, es sollen vielmehr nur einige Hauptlinien aufgezeigt werden.

J.P. Danton[21] hat in grundlegender Form die Methoden der Buchauswahl an amerikanischen und deutschen Universitätsbibliotheken, so wie sie seit einem Jahrhundert üblich sind, untersucht, einander gegenübergestellt und die Vor- und Nachteile klar herausgearbeitet. Ein wichtiges Ergebnis ist die Erkenntnis, daß sich seit der Jahrhundertwende, was die Buchauswahl betrifft, die Verhältnisse in den USA und Deutschland entgegengesetzt entwickelt haben[22]. Ist es an den amerikanischen Universitätsbibliotheken die Faculty, die das Recht auf Buchauswahl beansprucht und bis heute im großen und ganzen noch besitzt – mit der Argumentation, daß nur sie über die besten Kenntnisse des eigenen Fachs, daher der eigenen Bedürfnisse und der studentischen Wünsche verfügt, während andererseits die Bibliothekare selten durch ihre Vor- und Ausbildung spezielle Fachkenntnisse nachweisen können –, so sind es in Deutschland gerade Bibliothekare mit Fachwissen, die in eigener Entscheidung ohne Mitsprache- und Einspruchsrecht des Lehrkörpers die Buchauswahl praktizieren[23].

20) Vgl. hierzu R.P. Haro, Book Selection in Academic Libraries CRL 28. 1967. S. 104-106, der die Auswertung einer Fragebogenaktion vorlegt, die an 70 ausgewählten Academic Libraries – College, Research und University Libraries – betreffs der Methoden der Buchauswahl durchgeführt wurde.

21) Book Selection and Collections: A Comparison of German and American University Libraries. New York 1963. (Columbia University Studies in Library Science. Bd. 12.) In einigen Punkten werden die Ausführungen von Danton ergänzt durch D.O. Lane, The Selection of Academic Library Materials, A Literature Survey. CRL 29. 1968. S. 364-72.

22) J.P. Danton, a.a.O. S. 34 ff.

23) „Die Verantwortung für die Erwerbung kann dem Bibliothekar niemand abnehmen: weder die Vertreter einzelner Fachwissenschaften, die oft auf ihrem Gebiet eine genaue Kenntnis von Beständen und Lücken der Bibliothek haben und als Berater in Einzelfällen sehr willkommen sein mögen, noch die allenfalls bestehenden Kommissionen oder Boards of Trustees, noch auch die vorgesetzten Behörden. Der Bibliothekar allein ist imstande, den Aufbau der Bibliothek und zugleich auch die Buchproduktion in ihrer Gesamtheit zu überschauen". So F. Redenbacher, Die Erwerbung. In: Handbuch der Bibliothekswissenschaft. Bd. II. Begründet von Fritz Milkau. 2., verm. u. verb. Aufl. Hrsg. v. Georg Leyh. Wiesbaden 1961. S. 115.

Die Folge war in den USA eine enge Verknüpfung von Faculty und Bibliothek und zwar nicht nur in Fragen der Erwerbung, sondern auch in Fragen des Personals, der Planung und in anderen anstehenden Entscheidungen[24]. Noch in den gegenwärtigen Verhältnissen liegt bei der Literaturerwerbung, wie schon gesagt, die Auswahl überwiegend in den Händen der faculty, d.h. der gesamte Erwerbungsetat wird nach Abzug der Reihen- und Serienwerke, der Zeitschriften, der allgemeinen Nachschlage- und Auskunftswerke nach Fachgebieten in Einzelfonds aufgeteilt und der jeweiligen Faculty sodann zugewiesen. Der Zentralbibliothek verbleiben ca. 30 % des Gesamtvolumens als Reservefonds, der oftmals dazu dient, der Faculty im Laufe des Jahres nach Bedarf und auf Anfrage weitere Mittel zur Verfügung zu stellen[25]. Diese Praxis stößt seit langem auf die Kritik und den Widerstand der Bibliothekare in den USA, da nach ihrer Auffassung die Auswahl und Erwerbung von Büchern unter ihre Verantwortung zu fallen haben[26].

Vgl. zu diesem Fragenkomplex auch die umfassende Arbeit von K. Herrnberger, Das Kaufverhalten bei wissenschaftlicher Literatur. Ein Beitrag zur sektoralen Absatzpolitik wissenschaftlicher Buchverlage, Hamburg 1972, der u.a. die Ergebnisse von empirischen Untersuchungen über Strukturen und Verhalten der Buchkäufer, sprich Fachreferenten, im wissenschaftlichen Hochschulbereich verlegt. Interessant und im Detail aufschlußreich sind insbesondere seine Ausführungen über die Kaufentscheidungen der Fachreferenten (S.124-28) über ihr Informationsverhalten (S. 128), die Informationsquellen und ihre Bewertung (S. 146, 149) und den Informationsstock, z.B. vom Studium her (S. 147).

24) Vgl. R.D. Rogers und D.C. Weber, a.a.O. S. 12 ff.

25) Vgl. W. Bauhuis, Erwerbung, Katalogisierung und Magazinierung in Amerikanischen Wissenschaftlichen Bibliotheken. In: Zur Praxis der Wissenschaftlichen Bibliotheken in den USA. Wiesbaden 1956. S. 102 f. (Beiträge zum Buch- und Bibliothekswesen. Bd. 5.) und J.P. Danton, a.a.O. S. 69.

26) Programmatisch formuliert von J.P. Danton, The Subject Specialist in National and University Libraries, with Special Reference to Book Selection. Libri 17. 1967. S. 55: „Whenever, and to whatever degree, a library fails to do its own book selection it is abdicating from its highest, most professional function".
Daß die Bibliothekare in den USA durchaus imstande sind, diese zentrale Aufgabe ihrer Tätigkeit voll auszuführen, zeigt überzeugend das berühmte und mehrfach in der Literatur zitierte Beispiel der New York Public Library, wo die Buchauswahl ausschließlich von Bibliothekaren vorgenommen wird. Anläßlich eines Experiments wurde festgestellt, daß die New York Public Library von 500 ausgewählten Standardwerken der Rechts-, Staats- und Sozialwissenschaften 90 % besaß, während große Universitätsbibliotheken wie Harvard (80 %), Chicago (57 %), California (45 %), Michigan (36 %) weit zurücklagen.

Hinzu kommen die offensichtlichen Schwächen der Auswahl durch die Faculty[27]. Statt umfassender und gleichmäßiger Buchbestände entstanden vielfach Spezialsammlungen entsprechend den persönlichen Interessen und Arbeitsgebieten der Dozenten. Das Fehlen weitreichender Erwerbungsprogramme, unregelmäßiges Bestellen — mit Vorliebe zum Jahresende hin —, keine kontinuierliche Durchsicht von Bibliographien, Katalogen, Antiquariatsangeboten aus Zeitgründen und oftmaliger Wechsel im Amt sind weitere Gründe zur Klage. Es überrascht daher nicht, daß allenthalben nicht nur von Bibliothekaren, sondern selbst von Mitgliedern der Faculty die Forderung nach einer besseren Auswahl und ausgewogeneren Sammlungen erhoben wurde. Hinzu kommt die zunehmende Kompliziertheit der Buchauswahl, die größere Arbeitsbelastung und entsprechenden Zeitaufwand verursacht. Als Gründe seien nur die extrem steigende Produktion, die Vielfalt von Erscheinungsformen, schwer zugängliche Publikationen und die Ausdehnung des Buchmarktes auf eine Reihe von Entwicklungsländern genannt.

Alle diese Faktoren leiteten einen Prozeß ein, dessen Ende noch lange nicht abzusehen ist, man kann sogar sagen, daß er gegenwärtig noch in seinem Anfangsstadium ist. Gemeint ist der Trend an amerikanischen Universitätsbibliotheken, die letztliche Verantwortung für die Anschaffung der Literatur immer mehr den Bibliothekaren zu übertragen, während der Faculty die Rolle einer „instructional faculty"[28] zufällt, d.h., daß sie in Zweifelsfällen auf Grund ihrer Spezialkenntnisse um Rat gefragt wird oder daß sie den Vertretern der Bibliothek gegenüber genau definiert, welche Literatur angeschafft werden soll und welche nicht[29]. An die Stelle einer gewissen Rivalität in der Vergangenheit soll in Zukunft also eine sinnvolle Zusammenarbeit treten[30].

27) Vgl. Margit Kraft, An Argument for Selectivity in the Acquisition of Materials for Research Libraries. LQ 37. 1967. S. 285, J.P. Danton, Book Selection . . . a.a.O. S. 69 ff. und F. Redenbacher, Die Erwerbung . . . a.a.O. S. 227. als kleine Auswahl aus der Vielzahl der kritischen Stimmen.

28) Dieser Begriff stammt von J.G. Schad und R.L. Adams, Book Selection in Academic Libraries: A New Approach. CRL 30. 1969. S. 439

29) Ein Beispiel vorzüglicher Zusammenarbeit gibt die Oklahoma State University. Die Quote der Buchauswahl durch die Bibliothekare beträgt dort 80 %, durch die Faculty 20 %. Ausführlich darüber R. Rouse, Automation Stops Here: A Case for Man-made Book Collections. CRL 31. 1970. S. 147-54. Daß im deutschen Bereich die gleichen Erfahrungen gemacht werden können, zeigt die UB Konstanz. Die Buchbestellungen durch die Fachreferenten belaufen sich, wie den jährlichen Erwerbungsstatistiken seit 1970 zu entnehmen ist, auf eine Konstante von 80-85 %, teilweise auf 90 % und darüber, die Anschaffungsvorschläge der Bereiche auf 15-20 %.

30) E. Gren, a.a.O. S. 74 f., macht den Vorschlag einer Zusammenarbeit in Form verschiedener Ponderierung. So könnte z.B. die Bibliothek die Verantwortung für alle Gebiete übernehmen, die von der Faculty vernachlässigt werden — dies kann von Fach zu Fach variieren —

Freilich stellte sich bald auf der Seite der Bibliotheken der Mangel an erfahrenen Fachkräften, welche die Belange bestimmter Fächer genau kennen, als zentrales Problem bei der Buchauswahl heraus. Die amerikanischen Bibliotheken waren und sind größtenteils bis heute noch zu wenig auf diese schwierige Aufgabe vorbereitet. Daher werden große Anstrengungen unternommen, einen Stab qualifizierter, fachlich spezialisierter Mitarbeiter zu bekommen, und es ist nur eine Folge hiervon, daß die Frage des Subject Specialist in der Diskussion der vergangenen Jahre zunehmend mehr Raum gewinnt[31].

Der Subject Specialist – eine Art Fachreferent – soll entweder auf Grund seiner Kenntnisse Bindeglied zwischen der Faculty und der Bibliothek sein, oder – dies wäre der Idealfall – die Fähigkeiten beider in sich vereinen[32]. Das Wort 'soll' ist hierbei mit Bedacht gesetzt, da man sich noch im Stadium der Entwicklung befindet, insbesondere was die Zahl der bislang vorhandenen Fachkräfte angeht. Denn während die Erwerbungsetats ständig im Steigen begriffen sind, reißen die Klagen über zu wenig eingerichtete Stellen für wissenschaftliche Mitarbeiter nicht ab[33], wobei der Trend in den USA, soweit dies aus der Literatur ersehen werden kann, für die nahe Zukunft keine durchgreifende Änderung verspricht.

Fassen wir zusammen: Die Übernahme der Buchauswahl bringt für die amerikanischen Bibliotheken eine Reihe von Problemen mit sich. Einmal ist es die neue Aufgabe, in der man noch wenig Erfahrungen hat und die sich nicht nur auf die ganze Breite der Neuerscheinungen erstreckt, sondern zum großen Teil auch retrospektiv auf die Verbesserung und Ergänzung der vorhandenen Bestände, um die Schwächen der Auswahl durch die Faculty zu beheben. Zum anderen sind es Probleme des Personals, die der Größe der übernommenen Aufgabe entsprechend immer dringlicher werden, aber auf keine baldige Lösung hoffen können. Eine partielle Unterstützung durch die Faculty – etwa in Zweifelsfällen oder beim Kauf von Spezialliteratur – ist zwar zumeist gewährleistet, den-

oder die Faculty setzt gewisse Prioritäten und Limits, die letztliche Verantwortung für die Anschaffung der Literatur liegt jedoch bei den Bibliothekaren. Weitere Vorschläge bei J.P. Danton, Book Selection . . . a.a.O. S. 137 ff. Diese Überlegungen entsprechen genau den von der Arbeitsgruppe Bibliotheksplan Baden-Württemberg gemachten Vorschlägen im Gesamtplan für das wissenschaftliche Bibliothekswesen. Bd. 1. Universitäten, 2. Aufl. Pullach b. München, 1973, S. 183 ff.

31) Grundlegend dazu J.P. Danton, The Subject Specialist . . . a.a.O. S. 42-58, ferner G.A. Kosa, a.a.O. S. 418.

32) J.G. Schad und R.L. Adams a.a.O. S. 438 sprechen vom „subject specialist with library training". Dies entspräche genau dem Fachreferenten an deutschen Universitätsbibliotheken.

33) Vgl. F. Redenbacher, die Erwerbung . . . a.a.O. S. 227 f, der als beredtes Beispiel die Universität Harvard anführt.

noch sehen sich die Bibliotheken nach weiterer Hilfe und Entlastung um. Es ist damit in der Darstellung der tieferen Zusammenhänge ein Punkt erreicht, an dem zwei Bewegungen, die von ganz verschiedenen Richtungen kommen, ineinandergreifen. Doch zuvor gilt es auf die andere Komponente einen Blick zu werfen, gemeint ist das amerikanische Buchhandelswesen.

2. Zur Struktur des amerikanischen Buchhandelswesens

Auch hier ist vorab zu betonen, daß das Buchhandelswesen in den USA nur punktuell, soweit es sich auf das Thema dieser Arbeit bezieht, berührt werden kann[34]. Den Ausgangspunkt bildet die Feststellung, daß in den USA ein gut organisierter, in einer Tradition stehender örtlicher Buchhandel wie etwa in Deutschland überwiegend fehlt. Dementsprechend ist die buchhändlerische Vertriebsstruktur auch nicht annähernd in demselben Maß entwickelt, so daß ein erheblicher Teil der Buchproduktion auf anderem Wege, wie z.B. über Buchklubs und Warenhäuser, abgesetzt wird[35]. In den Fällen, wo ein leistungsfähiger Sortimentsbuchhandel vorhanden ist, belieferte dieser früher auch Universitäten, Institutionen und Behörden. Doch ergaben sich im Laufe der Zeit einschneidende Veränderungen. Waren es im Jahr 1945 noch 80 % aller Grossisten, die den Sortimentsbuchhandel mit Neuerscheinungen auf allen Gebieten versorgten, so wurde dieser insbesondere aus dem Geschäft mit den Universitäten nach und nach verdrängt. An seine Stelle traten Spezialgrossisten, die direkt beim Verleger bestellen und gegenwärtig 80 % und mehr ihres Umsatzes mit Bibliotheken und Schulen erzielen.

Entscheidend waren einmal die Frage des Discount[36], zum anderen die Schnelligkeit der Belieferung. Da ein Zwischenbuchhandel, wie Barsortimente und regionale Auslieferungslager, in den USA kaum vorhanden ist und der Verleger daher oft direkt an den örtlichen Buchhandel liefert, ergeben sich bei Sendungen in entferntere Gebiete große zeitliche Verzögerungen. Für eine Verbesserung der Lage wurde von seiten der Verleger wenig unternommen, zumal dieser Absatz nur ein Nebengeschäft bildet, während die Vergabe von Nebenrechten, der Direktverkauf in großen Mengen an die Grossisten und die Versor-

34) Dieses Thema wird grundlegend behandelt von P. Heise, Herstellender und verbreitender Buchhandel in den USA. Übers. von S. Taubert, 2. Aufl., Hamburg 1967. (Berichte des Instituts für Buchmarktforschung. Sondernummer März 1966). Die Ausführungen im folgenden beruhen größtenteils auf dieser Quelle.

35) Vgl. P. Heise, a.a.O. S. 30

36) Zum Discountwesen vgl. die kritischen Anmerkungen von D. Melcher, a.a.O. S. 90, der zu Recht hervorhebt, daß ein guter Service vor allen Spekulationen mit hohen, jedoch leicht manipulierbaren Discountquoten Vorrang haben sollte.

gung von Universitäten und Institutionen – dies in prozentualer Reihenfolge – weitaus attraktiver sind.[37].

Nach der weitgehenden Ablösung des örtlichen Buchhandels durch Spezialgrossisten ist in den letzten Jahren freilich ein neuer Trend sichtbar. Jetzt sind es die Verleger selbst, die mit ihren eigenen Grossisten zunehmend mehr in Konkurrenz treten, z.B. durch Spezialrabatte für Bibliotheken, günstige Vorbestellpreise, Spezialdienste wie das Mitliefern von Einbänden und Katalogkarten, und die somit versuchen, noch größere Anteile beim Direktverkauf zu erlangen[38]. Lediglich kleinere und auf bestimmte Gebiete spezialisierte Verlage verlassen sich noch ausschließlich auf den Absatz durch Grossisten.

Es bedarf keiner besonderen Worte, daß die Grossisten grundsätzliche Gedanken über ihre zukünftige Rolle gerade im Bibliotheksgeschäft anstellen und mit allen Mitteln gegen diese Tendenzen angehen. Sie versuchen nun ihrerseits, in ihren Beziehungen zu den Bibliotheken auf eine neue Basis zu kommen, die für die Verlage nicht so attraktiv sein kann.

Damit ist die Verbindung zu den Ausführungen des vorigen Kapitels gezogen. Die Bibliotheken auf der einen Seite, die neue Möglichkeiten der Zusammenarbeit im Bereich der Buchauswahl prüfen, und die Grossisten auf der anderen Seite, die neue Wege im Bibliotheksgeschäft gehen müssen, kommen so von verschiedenen Richtungen aufeinander zu. Das Ergebnis ist die allmähliche Entwicklung der Approval Plans, deren besonderes Merkmal es gerade ist, daß sie sich nicht auf einen Verleger beschränken, sondern Publikationen einer Vielzahl von Verlagen berücksichtigen. Ein drittes Moment, das mit im Spiel ist, ist das Standing Order–Wesen, das wegen der fehlenden Auswahlmöglichkeiten und dem daraus resultierenden Anwachsen minderwertiger Literatur – der Begriff 'junk' zieht sich wie ein roter Faden durch die Erfahrungsberichte der Bibliotheken – Anlaß zur berechtigten Kritik gibt und nach bestimmten Modifikationen verlangt[39].

37) Vgl. P. Heise, a.a.O. S. 36

38) Ausführlicher über das Verhältnis Publisher–Wholesaler–Bookseller–Retailer D. Melcher, a.a.O. S. 92, 97 und P.S.Jennison, Book Trade. In: Encyclopedia of Library and Information Science Bd. 2. Ed. by A. Kent and H. Lancour. New York 1969. S. 688-706.

39) Vgl. R.L. Talmadge, The Farmington Plan Survey: An Interim Report. CRL 19. 1958. S. 380, der eine Reihe von Verbesserungsvorschlägen vorlegt. Ferner L.S. Thompson, The Dogma of Book Selection in University Libraries. CRL 21. 1960. S. 444.

D. Historische Entwicklung der Approval Plans

Die Idee, die hinter den Approval–Programmen steht, ist nicht grundsätzlich neu. Bereits früher bezogen die Library of Congress und die New York Public Library einen Teil ihrer Neuerwerbungen über Blanket Orders und natürlich Standing Orders[40]. In das Jahr 1949 fällt der Beginn des Farmington Plan, dessen Ziel es war,[40a] einmal retrospektiv die großen Bestandslücken der Kriegsjahre zu beheben, sodann für die Zukunft die Erwerbung jeglicher wissenschaftlicher Literatur sicherzustellen.[41]

1957 unternimmt die Marquette University Memorial Library in Milwaukee/ Wisconsin den Versuch 'books on trial' – dies eine bedeutsame Einzelinitiative – als Abhilfe gegen zu komplizierte Bestellmethoden, zuerst mit englischen, später auch mit amerikanischen und anderen überseeischen Publikationen. Das Projekt basiert auf dem Standing Order–Verfahren, enthält jedoch einen hohen Grad an selectivity, so daß die Bibliothek die endgültige Auswahl selbst bestimmt. W.B. Ready[42] bezeichnet in einem Erfahrungsbericht den Versuch als erfolgreich in jeder Hinsicht.

1958 begründet E. Greenaway von der Philadelphia Public Library den nach ihm benannten Greenaway Plan[43]. Dieser Plan besagt, daß die Bibliothek von bestimmten Verlagen jede Neuerscheinung in einer Kopie erhält – daher auch der Begriff 'Get–Em–'All' Theorie–, ohne Rückgaberecht, dafür mit extrem hohem Discount von ca. 60-75 % des Listenpreises. An Hand dieser Kopie erfolgt dann die definitive Entscheidung über die Anschaffung von zusätzlichen Exemplaren. Daß dieses Projekt nur bei einer hohen Anschaffungsquote von Mehrfachexemplaren anwendbar ist, braucht nicht weiter betont zu werden.

40) R. Wedgeworth, a.a.O. S. 259.

40a) Der Farmington Plan, der von Anfang an eine Reihe bis zuletzt ungelöster Probleme mit sich brachte, wurde soweit es die in Westeuropa erscheinenden Publikationen betrifft, mit dem 31.12.1972 offiziell für beendet erklärt. Vgl. hierzu H. Edelmann, The Death of the Farmington Plan LJ 98. 1973. S. 1251 ff., der einige grundlegenden Fragen speziell zu diesem Thema erörtert.

41) Der Grundsatz lautete „to make sure that at least one copy of each new foreign book and pamphlet that might reasonably be expected to interest a research worker in the United States will be acquired by an American library". Zitiert bei E.E. Williams, Farmington Plan Handbook. Bloomigton 1953. S. 3.

42) Acquisition by Standing Order. LRTS 1. 1957. S. 85-88.

43) Vgl. die Beschreibung von E. Greenaway selbst in LJ 85. 1960. 3387 f.

1960 entsteht für den Bereich der latein-amerikanischen Literatur das Latin-American Cooperative Acquisitions Program (LACAP)[44] als Ergänzung und Verbesserung des Farmington Plan, der sich schon bald in mancher Hinsicht als zu umfangreich und wenig effektiv erwies[45]. Ebenso wie der Farmington Plan wurde auch das Projekt LACAP Ende 1973 abgebrochen[45a].

In eben diese Zeit fallen auch die Anfänge der Approval–Programme, die von den angeführten Projekten nicht isoliert betrachtet werden können. Vielmehr bestehen auch hier gewisse ursächliche Zusammenhänge, welche die Approval Plans als eine in wesentlichen Punkten modifizierte Form schon bestehender Programme sich entwickeln lassen[46]. Ursprünglich waren es, wie schon an früherer Stelle gesagt, ganz allgemeine Vereinbarungen ohne wesentliche Beschränkungen, die daher nur für große Bibliotheken mit entsprechendem Etat in Frage kamen[47]. Erst allmählich ergab sich eine Reihe von Änderungen, die eine Ausweitung auf andere Bibliotheken ermöglichten.

K. Mc Cullough[48] gibt in ihrer umfangreichen Literaturzusammenstellung zu diesem Thema einen guten Überblick über die verschiedenen Entwicklungsstadien. Insbesondere aus den frühen Publikationen spürt man die Leidenschaft und Heftigkeit, mit denen eine Reihe grundsätzlicher Fragen diskutiert wurde. Die Reaktionen reichen dabei von uneingeschränkter Zustimmung bis zur strikten Ablehnung[49] mit der Begründung, daß bei allen Approval Plans die Buch-

44) Vgl. M.J. Savary, The Latin-American Cooperative Acquisitions Program – An Imaginative Venture. New York 1968.

45) „The Farmington Plan is actually a gigantic, complex, inflexible blanket order which attempts to cover all subjects and many countries with one generalized definition of what is wanted, and a uniform list of exclusions". So R.L. Talmadge, a.a.O. S. 380.

45a) Vgl. H. Edelmann a.a.O. S. 1251.

46) Vgl. etwa S. 26 und Anm. 39.

47) Vgl. H.K. Rebuldela, Review of Approval Plan Methods. In: Economics of Approval Plans . . . a.a.O. S. 83.

48) a.a.O. S. 368-81.

49) Vgl. N. Dudley, The Blanket Order. Library Trends 18. 1970 S. 318, der die Ergebnisse einer umfangreichen Fragebogenaktion vorlegt, die sich an 79 Mitgliedsbibliotheken der Association of Research Libraries richtete.
Auch beim Farmington und Greenaway Plan gab es in dieser Frage heftige Kritik. Siehe hierzu R.L. Talmadge, a.a.O. S. 379 f., und E. Moon, The Sanctity of Book Selection. LJ 85. 1960. S. 3400.

auswahl an einen „outsider"[50] abgetreten werde. Doch trotz aller Bedenken faßten zunehmend mehr Bibliotheken Vertrauen in diese Programme; freilich sei zugegeben, daß es oftmals unlösbare Personalprobleme waren, die eine Entscheidung für die Aufnahme eines Approval Plan geradezu erzwangen. Wie sehr sich die Situation jedoch im Vergleich zu den ersten Jahren geändert hat, zeigt wiederum die Auswertung der von N. Dudley durchgeführten Fragebogenaktion. Danach gaben von den 79 angesprochenen Bibliotheken nur 4 es als Nachteil an, daß bei Blanket Orders und Approval Plans die Auswahl weitgehend an den Grossisten abgetreten wird[51]. P.D. Morrison[52] berichtet ferner, daß allein 90 wissenschaftliche Bibliotheken sich am Approval–Programm eines einzigen Grossisten beteiligen.

Es war eben die Rede von einer Reihe grundsätzlicher Fragen, die in der Diskussion besonders umstritten waren und es teilweise bis heute noch sind, was nicht zuletzt erweist, auf wie wenig verbindliche und gesicherte Grundlagen man zurückgreifen kann. Die Fragen lassen sich etwa in folgende Bereiche zusammenfassen:

1. Welches sind die Charakteristika? Wie steht es mit den Kosten und der Schnelligkeit? Ist ein Langzeiterfolg garantiert? Ist späterer Computereinsatz möglich?
2. Erfolgt die beste Auswahl mit dem Buch in der Hand oder durch Bibliographien? Kann die Buchauswahl überhaupt automatisch, d.h. ohne daß die Bibliothek irgendwelche Bestellzettel ausfüllt, durchgeführt werden? Wenn ja, ausschließlich oder als Ergänzung der traditionellen Methode? Ist eine Kombination möglich?
3. Ist der Erfolg garantiert, wenn die Erstauswahl in den Händen eines Buchhändlers liegt? Können auf solche Weise ausgewogene Sammlungen entstehen? Wie verhält es sich mit dem grundlegenden Unterschied – einerseits *Profit–*, andererseits *Non–Profit–*Unternehmen?

50) So J.P. Browne, Can Blanket Order Help the Small College Library? LRTS 12. 1968. S. 143.

51) N. Dudley, a.a.O. S. 322 f.

52) A Symposium on Approval Order Plans and the Book Selection Responsibilities of Librarians. LRTS 12. 1968. S. 133.

4. Ist die finanzielle Basis beider Seiten hinreichend gesichert? Was geschieht, wenn ein laufendes Programm aus finanziellen Gründen, sei es vom Buchhändler oder von der Bibliothek, abgebrochen wird? Welches sind die Folgen für den internen Bibliotheksbetrieb?

Dieser Fragenkatalog ließe sich mühelos erweitern. Vieles klärte sich in der Praxis, was im folgenden Kapitel dargelegt werden soll, manches wartet freilich noch immer auf eine befriedigende Antwort.

E. Erfahrungen in der Praxis

Obwohl die Erfahrungen, die an amerikanischen Universitätsbibliotheken mit Approval Plans gemacht wurden, einen Zeitraum von nunmehr 15 Jahren umfassen, liegen dennoch erst seit ungefähr 5 Jahren detaillierte Auswertungen, Vergleichsstudien und Statistiken vor. Interne Bibliotheksanalysen gab es zwar von Anfang an, doch wurden diese selten publiziert und waren somit der Allgemeinheit nicht zugänglich. Es soll nun im folgenden eine gedrängte Übersicht über signifikante Berichte einzelner Bibliotheken als auch über umfassende Fragebogenaktionen und Umfragen gegeben werden, welche die wesentlichen Erkenntnisse und Ergebnisse sichtbar werden lassen. Auf eine Darlegung in extenso muß verzichtet werden, da sonst der Rahmen dieser Arbeit gesprengt würde.

1. Einzelerfahrungen

Eine Pionierarbeit in dieser Hinsicht leistete das Projekt CALBPC (Colorado Academic Libraries Book Processing Center), das in den Jahren 1965-68 im Bundesstaat Colorado an 9 staatlichen wissenschaftlichen Bibliotheken – 2 davon waren Universitätsbibliotheken, 7 College-Bibliotheken – durchgeführt wurde[53]. Zweck dieser Studie war es, die Vor- und Nachteile eines regionalen Buchbearbeitungszentrums zu prüfen, in dem sämtliche Bearbeitungsvorgänge – vom Bestellen des Buches bis zur Bereitstellung für den Benutzer – erfolgen sollten. Im Rahmen dieses Projektes wurde auch ein Versuch mit einem Approval Plan unternommen, um die Frage zu klären, ob dieser sich in das geplante System miteinbeziehen läßt. Hier sind zum erstenmal in der Literatur umfassende statistische Auswertungen, Zeit-Kostenanalysen und Kostenrechnungen im Detail greifbar. Die Ergebnisse, die auf einer exakten mathematischen Basis beruhen, lassen sich, wie folgt, in Hauptpunkten zusammenfassen: Die Lieferzeiten des Buches waren im Vergleich zur herkömmlichen Bestellweise durchschnittlich 20 % kürzer, was z.B. für die Colorado State University zur Folge hatte, daß die Katalogisierung um 44 % rascher durchgeführt werden konnte. Die Rückgabequote betrug für die gesamte Laufzeit, d.h. von September 1965 bis März 1968, 11 %; von 22100 Titeln wurden 2368 zurückgegeben.

53) Vgl. den ausführlichen Bericht von L.E. Leonard, J.M. Maier, R.M. Dougherty, Centralized Book Processing, A Feasibility Study Based on Colorado Academic Libraries. Metuchen 1969.

Interessant ist dabei, daß die Rate von anfangs 17 % auf 7 % im März 1968 kontinuierlich rückläufig war. Die Überprüfung von 10 % der 2368 zurückgegebenen Titel zeigte, daß 46 % Standing Orders waren, 19 % Dubletten, bei 35 % war keine Angabe möglich. Der Prozentsatz des Approval Plan, am Gesamtetat gemessen, erhöhte sich bei der Colorado State University von 15,3 % im Zeitraum 1965/66 auf 24,9 % 1967/68, an der University of Colorado von 6,9 % 1965/66 auf 8,3 % 1967/68. Die Discountquoten verteilten sich auf den Bereich 0 % - 30 %, und zwar wie folgt:

Discount	0 %	10 %	20-25 %	30 %
Approval Plan %	14,9 %	62,6 %	0,7 %	21,8 %

An Hand dieser Erfahrungen kam man zu dem Schluß, daß ein ausgedehntes Approval—Programm für das geplante Buchbearbeitungszentrum große Vorteile mit sich bringt, freilich dies nur bei ständiger Überprüfung, Beobachtung und gegebenenfalls Verbesserung.

Ähnlich positiv ist der Bericht der Ohio State University[54], doch enthält er keine Auswertungen. Bei einem Erwerbungsetat von 710.000 $ für 1966/67 wurde im Januar 1967 versuchsweise ein umfassender Approval Plan für englischsprachige Neuerscheinungen eingerichtet. Als Vorteile erhoffte man sich geringere Arbeitsbelastung, bessere Kaufentscheidungen mit dem Buch in der Hand, schnellere Lieferungen. Nicht gelieferte Publikationen sollten durch routinemäßiges checking nachbestellt werden. Leider geht aus dem Bericht, der sehr allgemein gehalten ist, nicht hervor, in welchem Umfang und mit welchem Aufwand gerade dieses Čhecking erfolgte. Die Vermutung liegt nämlich nicht fern, daß ein Teil des erhofften verminderten Arbeitsaufwandes auf anderem Wege wieder auf die Bibliotheken zurückkommt[55].

Eine äußerst negative Erfahrung kommt hingegen von der Oklahoma State University[56]. Die Versuchsdauer eines Approval Plan, der mit klaren Spezifikationen amerikanische Neuerscheinungen auf dem Monographiensektor umfassen sollte, betrug 4 Monate, 1 Monat länger als der Buchhändler, ein führen-

54) B.J. Meyer u. J.T. Demos, Acquisitions Policy for University Libraries: Selection or Collection. LRTS 14. 1970. S. 395-99.

55) Vgl. etwa das im folgenden geschilderte Verfahren der Stanford University Libraries.

56) R. Rouse, a.a.O. S. 147-54

der Grossist in den USA, als Mindestdauer angab. Zeitweise betrug die Rückgabequote 50 % und mehr. Teils lagen die Publikationen außerhalb des Profiles oder es waren Reihen- und Serienwerke, teils wurden die zusätzlichen Instruktionen nicht befolgt. Auch wurde altes Titelmaterial angeliefert, dessen Erscheinen 6 - 8 Monate zurücklag. Der Buchhändler gab zu, daß aus Gründen der Kalkulation oftmals Exemplare, die eine Bibliothek zurückschickte, an eine andere oder nacheinander an mehrere Bibliotheken versandt werden, so daß diese unter beträchtlichem Zeitverlust von Bibliothek zu Bibliothek wandern. Hinzu kamen schlechte Qualität, wichtige Auslassungen, mangelhafte, sogar falsche Eintragungen auf den Mehrfachdurchschlägen. Nach Ansicht der Bibliothek lag das Scheitern nicht zuletzt daran, daß der Grossist über keine guten Beziehungen zu einer Vielzahl von Verlagen verfügte und auf einer zu schmalen bibliographischen Basis arbeitete. Als Nachteil wirkte sich außerdem der große zeitliche Unterschied vom Eingang der Bücher und der Lieferung der LC–Katalogkarten aus – letztere gelangten z.T. erst 6 - 9 Monate später in die Bibliothek. R. Rouse von der Oklahoma State University faßt das Fazit in einem Satz zusammen: „A complex operation can be automated, if it is consistent and standardized. Book selection is neither"[57].

In einer Entgegnung auf den Bericht von R. Rouse erläutert E.M. Grieder[58] allgemein die positiven Erfahrungen der Stanford University Libraries mit Approval Plans, die auf der Grundlage sorgfältig erstellter und ständig überwachter Profile beruhen. Wenn Grieder allerdings behauptet, daß es ein Mißverständnis sei, wenn man sage, die Bibliotheken geben das Privileg der Buchauswahl aus den Händen, da doch die 'final selection' eben nicht durch den Buchhändler vorgenommen werde, so kann man in diesem Punkt auch anderer Meinung sein. Es kommt nämlich darauf an, welchen Stellenwert man der Vorauswahl beimißt, die doch gerade nicht mehr in die Kompetenz der Bibliotheken fällt. Kann nicht auch schon eine Vorauswahl in mancher Hinsicht definitiv sein? Man könnte diesem entgegenhalten, daß die Vorauswahl nur im Einklang mit dem zuvor unter Mitarbeit der jeweiligen Bibliothek erstellten Profil getroffen wird. Nun, kein Profil ist so bis in jede Einzelheit festgelegt, daß es nicht auch Spielraum für eigene Entscheidungen des Buchhändlers läßt. Hier hat die Bibliothek keinen Einfluß, es sei denn, sie bringt Korrekturen, soweit dies möglich ist, im nachhinein an.

57) a.a.O. S. 153

58) Letter to the Editor. CRL 31. 1970. S. 341-44.

Interessant ist Grieders Beschreibung des Checking–Verfahrens in Stanford. Danach unterliegen Publisher's Weekly, British National Bibliography, Österreichische Bibliographie, Deutsche Bibliographie und das Schweizer Buch einer genauen Durchsicht. Der Buchhändler markiert in diesen Verzeichnissen alle Titel, die von ihm bereits geschickt wurden oder noch geschickt werden. Die Angaben werden von der Bibliothek in den genannten Bibliographien überprüft, eventuell weitere Bücher zur Lieferung gekennzeichnet und die entsprechenden Bibliographieseiten kopiert an den Grossisten zurückgeschickt. Diese Methode erscheint, so wie sie von Grieder dargelegt wird, wenig zeitsparend, so daß der einzige erhebliche Zeitgewinn bei dem Stanford Approval–Programm wohl darin liegt, daß von der Bibliothek keine Bestellzettel ausgefüllt werden müssen. Dennoch ist Grieder von der Rentabilität überzeugt und betont, daß man ohne Approval Plans in Stanford das umfangreiche Bucherwerbungsprogramm niemals zufriedenstellend erfüllen könnte.

Zu bedeutsamen Ergebnissen kommt eine Untersuchung von G.E. Evans[59], der die Frage stellt, welche der 3 Buchauswahlformen, die an wissenschaftlichen Bibliotheken gewöhnlich praktiziert werden, die effektivste ist – effektiv in dem Sinne, daß die angeschafften Bücher am meisten im Gebrauch sind. Gemeint ist die Auswahl durch die Faculty, durch Bibliothekare oder mittels eines Approval Plan. Evans legt seiner Untersuchung die folgende Hypothese zugrunde, die in ihrem ersten Teil besagt, daß diejenige Gruppe über die höchste Erfolgsquote verfügt, welche die meisten Kontakte zu den Bibliotheksbenutzern unterhält, die dementsprechend in ihrem zweiten Teil lautet, daß eine Auswahl durch Bibliothekare mehr Erfolg garantiert als durch die Faculty, daß diese wiederum jeder Approval Plan–Auswahl überlegen ist. Zur Verifizierung dieser Hypothese wählte Evans 4 namentlich nicht genannte Bibliotheken aus, zwar von verschiedenem Charakter, jedoch mit zwei Gemeinsamkeiten. Erstens hatte jede Bibliothek einen Approval Plan für englischsprachige Neuerscheinungen, sodann genaue und lückenlose Bestellunterlagen aus früheren Jahren, als ohne Approval Plan nach der herkömmlichen Bestellweise gearbeitet wurde. Damit war die Möglichkeit zu einem exakten Vergleich über einen längeren Zeitraum hinweg gegeben. Überprüft wurde eine Gesamtzahl von 6891 Titeln, deren Anschaffung sich etwa gleichmäßig auf die Faculty, die Bibliothekare und die Approval Plans verteilen läßt.

59) Book Selection and Book Collection Usage in Academic Libraries. LQ 40. 1970. S. 297-309.

Die detaillierten statistischen Auswertungen auf der Basis des χ^2-Verfahrens erbrachten als Ergebnis die volle Bestätigung der von Evans aufgestellten Hypothese. Danach ist es offensichtlich, daß durch Approval Plans — vorsichtig formuliert — Publikationen in die Bibliotheken gelangen können, die auf der Grundlage der bibliographischen Information von diesen nicht angeschafft worden wären. Den Gradmesser hierfür bildet die von Evans festgestellte Häufigkeit der Benutzung. Als Folgerung ergibt sich für Evans, daß eine Qualitätserhaltung der Bestände nur bei der Auswahl durch Bibliothekare gewährleistet ist. Die entscheidenden Vorteile eines Approval Plan — Schnelligkeit der Lieferungen und Kostenersparnis — werden auf längere Sicht gesehen durch die allmähliche Qualitätsminderung der Bestände in Frage gestellt. Nach Evans nützen dagegen weder Spezifikationen, noch Level—Angaben, noch die Ausarbeitung von Profilen, noch spezielle Informationen an die Buchhändler. Was die Frage des Kontaktes mit den Benutzern angeht, so ist den Auswertungen zufolge nicht die Intensität entscheidend, z.B. ein enger Kontakt mit wenigen Benutzern, sondern die Quantität, selbst bei lockeren Bindungen, also ein loser Kontakt mit einer möglichst großen Anzahl. Evans macht daher den Vorschlag, daß man für die Zukunft eine Auswahl durch 'public service librarians' erwägen sollte.

Ebenfalls stellt die Frage nach der 'efficiency' und der 'effectiveness' von approval plans eine Untersuchung an 5 Bibliotheken des State University System of Florida, über die H.W. Axford[60] berichtet. 2 von diesen Bibliotheken arbeiten dabei mit Approval Plans, die anderen 3 mit der herkömmlichen Bestellmethode. Freilich geht es in diesem Bericht nicht um den Langzeiterfolg im Hinblick auf die Qualität der Bestände wie bei G.E. Evans, sondern einzig um die Frage der Kosten- und Personaleinsparung. Ein genauer Vergleich der 5 Bibliotheken auf der Basis statistischer Auswertungen kommt zu dem Ergebnis, daß ein approval plan einer Bibliothek infolge des vereinfachten Bestellverfahrens im Durchschnitt 1 1/2 volle Personalstellen einsparen kann.

Im zweiten Teil seines Berichts legt Axford die Ergebnisse eines Tests der University of Oklahoma vor[61]. Diese überprüfte die Behauptung eines Buchhändlers, daß die Monographien, die über einen Approval Plan erworben werden, noch innerhalb der Erscheinungswoche versandt werden und 80 % davon in den entsprechenden Bibliotheken vor der ersten Verzeichnung in einer Bibliographie

60) a.a.O. S. 368-375.

61) Da es sich hier um eine interne Hausstudie handelt, ist diese, soweit die Recherchen ergaben, direkt in der Literatur nicht greifbar.

vorhanden sind. Die University of Oklahoma wertete zu diesem Zweck die Verzeichnisse von Publisher's Weekly im Zeitraum vom 28. August bis 2. Dezember 1968 aus und verglich diese mit den Sendungen des Buchhändlers. Insgesamt belief sich die Zahl auf 8977 Titel. 2303 Titel (= 28 %) sollten nach Meinung der Bibliothek auf Grund des Approval Plan–Profils vorhanden sein. Die Nachforschungen ergaben, daß es tatsächlich 1792 Titel (= 78 %) waren, 509 (= 22 %) fehlten. Diese Fehlquote von 22 % ließ sich aufschlüsseln und bis auf einen minimalen Rest erklären, größtenteils ohne den Lieferanten zu belasten, dessen Behauptung sich damit im Fall der University of Oklahoma als zutreffend erwies.

Die Florida Atlantic University Library erstellte für den Zeitraum 1. Juli 1968 bis 30. Juni 1969 einen ausführlichen statistischen Vergleich über die Kosten- und Zeitunterschiede bei Publikationen, die nach der herkömmlichen Methode (A) und solchen, die über einen Approval Plan (B) bestellt wurden[62]. Folgende Ergebnisse ließen sich dabei ermitteln: Die 'unit costs', das sind die reinen Arbeitskosten, betrugen für A, was die Erwerbung allein betrifft, pro Band $ 1,00 oder in Zeit gerechnet 22,6 Minuten. Für B dagegen $ 0,711 oder 16,3 Minuten. Nimmt man die notwendigen bibliographischen Nachforschungen und die Katalogisierung hinzu, so ergeben sich für A pro Titel $ 3,257 oder 76,01 Minuten, für B $ 2,632 oder 63,07 Minuten. Die 'gross unit costs', das sind die Kosten, die zusätzlich zu den reinen Arbeitskosten noch allgemeine Unkosten enthalten, erbrachten für B Zeitersparnisse von 16,9 %, 22,5 % auf Dollarbasis gerechnet. Überträgt man dies auf 10.651 Titel – dies ist die Gesamtzahl, die durch B gekauft wurde –, so betragen die finanziellen Einsparungen $ 14.538. Die Durchschnittskosten pro Titel bei A beliefen sich auf $ 9,25, bei B auf $ 8,37.

L. Raney[63] hat schließlich in der bis jetzt ausführlichsten Studie zum Thema 'approval plans' die Frage untersucht, ob sich an einer mittelgroßen wissenschaftlichen Bibliothek ein Approval–Programm für amerikanische Publikationen in ein bestehendes Erwerbungsprogramm, das nach dem traditionellen Verfahren arbeitet, einbeziehen läßt. Raney geht von der Hypothese aus, daß es in

62) Auch hier handelt es sich um eine interne, in der Literatur nicht greifbare Hausstudie, die durch Vermittlung der Firma Richard Abel eingesehen werden konnte. Die zusammenfassende Schlußtabelle wird im Anhang II (S. 101) wiedergegeben.

63) An Investigation into the Adaptability of a Domestic Approval Program to the Existing Pattern of Book Selection in a Medium-Sized Academic Library. Doct. Diss. in the Graduate Library School, Indiana University 1972. Eine Kopie dieser Arbeit wurde freundlicherweise von der Firma Richard Abel u. Co. zur Verfügung gestellt.

der Tat möglich sein muß, einen Approval Plan so zu programmieren, daß er einmal einen hohen Prozentsatz von Titeln, die durch die herkömmliche Bestell- und Auswahlmethode von einer Bibliothek erworben werden, anliefert, und daß er zum anderen zugleich einen hohen Prozentsatz von Titeln ausfindig macht, die von der Bibliothek nicht gekauft werden, d.h. die nur der Information dienen. Beide Teile dieser Hypothese finden auf der Grundlage minutiöser Untersuchungen, die Raney durchführte, mit einer Gesamtquote von jeweils 82 % ihre Bestätigung. Die Erfolgsquote für den ersten Teil der Hypothese variierte dabei auffallenderweise sehr stark in den einzelnen Fächern, was nach Raney zum großen Teil an den Charakteristika der Literatur in den verschiedenen Fachgebieten liegt. So betrug sie z.B. für Geschichte 92 %, für Musik jedoch nur 47 %, um die beiden Extremwerte zu nennen[64].

Im Anschluß an den zweiten Teil der Arbeitshypothese überprüfte Raney in einer weiteren Detailuntersuchung einen Hauptpunkt der Kritik an Approval Plans. Dieser besagt, daß eine große Gefahr darin liegt, daß es zahlenmäßig nicht zu ermitteln ist, wieviel an Literatur durch einen Approval Plan übersehen und somit von der Bibliothek nicht erfaßt wird. Raney kommt zu dem Ergebnis[65], daß von 1334 Titeln, die 1971 nach dem Einzelauswahlverfahren von der Bibliothek erworben und für diese Untersuchung mittels Stichproben herausgegriffen wurden, 93 % durch den gleichzeitig laufenden Versuchs—Approval Plan erfaßt waren. Für die restlichen 7 % konnten größtenteils triftige Erklärungen gefunden werden, die mit dem Approval Plan nichts zu tun hatten.

Eine Untersuchung der Zeitersparnis durch einen Approval Plan, die von Raney an Hand einer Überprüfung von 1235 Titeln, ebenfalls aus dem Erwerbungsjahr 1971, vorgenommen wurde[66], erbrachte eine Differenz von 11,6 Wochen zugunsten des Approval Plan.

Auch Raney betont im Schlußkapitel seiner Arbeit, wie fast alle, die sich mit diesem Thema bisher beschäftigt haben, die Wichtigkeit einer ständigen Überprüfung der Profile, ferner eine intensive Zusammenarbeit aller Beteiligten und weitere Detailforschungen, um eine noch breitere und damit zuverlässigere Basis praktischer Erfahrungen zu erhalten.

64) a.a.O. S. 200

65) a.a.O. S. 228

66) a.a.O. S. 230 ff.

Soweit der Überblick über die Erfahrungsberichte einzelner Bibliotheken. Es braucht nicht eigens betont zu werden, daß die Ausführungen zuweilen recht lückenhaft sind, da sie manche notwendig sich ergebende Frage nicht beantworten, diese nicht einmal berühren. Dies hängt ganz von den Absichten und der entsprechenden Fragestellung der jeweiligen Bibliothek ab. Dennoch konnten gerade durch die Detailuntersuchungen und statistischen Auswertungen wichtige Einzelinformationen gewonnen werden. Diese finden nun teilweise ihre Ergänzung durch Fragebogenaktionen, die zwar nicht ins Detail gehen und spezielle Punkte untersuchen, sondern vorwiegend Fragen allgemeiner Art enthalten, die aber, dadurch daß sie eine Vielzahl von Bibliotheken ansprechen, doch zu Ergebnissen auf einer umfassenderen Grundlage kommen. Vier von diesen werden im folgenden wenigstens in ihren wesentlichen Teilen vorgestellt.

2. Fragebogenaktionen

Den Anfang soll ein Beitrag von R. Wedgeworth[67] bilden, der die aufschlußreichen Auswertungen einer Reihe von Fragen vorlegt, die im Sommer 1969 an insgesamt 26 Grossisten – 3 davon waren amerikanischer Herkunft, 23 stammten aus 13 Ländern Westeuropas – zum Thema 'foreign blanket orders' gestellt wurden. Unter Foreign Blanket Orders versteht Wedgeworth dabei ohne Unterschied auch Approval Plans und Dealer Selection Plans. Die Buchhändler wurden alle aus der Liste der Farmington Plan Lieferanten ausgewählt und besitzen lange Erfahrungen im Bibliotheksgeschäft.

Auf die Frage, ob und welche speziellen Voraussetzungen für diejenigen bestehen, die in der jeweiligen Firma mit der Buchauswahl betraut sind, nannten

23 Buchhändler	Ausbildung und Erfahrung im Buchhandelswesen
4 "	Bibliotheksausbildung oder -erfahrung
3 "	Grundkenntnisse in einem bestimmten Fachgebiet
2 "	keine Qualifikation
1 "	Erfahrungen im Buchverkauf an Universitäten

Sämtliche 26 Buchhändler gaben als Hilfsmittel für ihre Auswahl Informationen verschiedenster Art von seiten der Verlage an, 24 benutzen überdies noch National- und andere Bibliographien. Ein Großteil, nämlich 12 an der Zahl, markieren

67) a.a.O. S. 258-267.

die ausgewählten Titel in einer Bibliographie und senden diese als 'advance notice' an die Bibliothek.

Reprints sind nur bei 5 Grossisten automatisch in die Auswahl miteinbezogen, bei 15 geschieht es auf Wunsch der Bibliotheken. Publikationen in gezählten Serien und Reihen werden gewöhnlich von 19 nicht geliefert, 8 hiervon lassen allerdings Ausnahmen wiederum auf besonderen Wunsch zu. In der Regel wird, was neu anlaufende Serien angeht, der erste Band geliefert und weitere Instruktionen der Bibliotheken – eventuelle Subskription – abgewartet.

Die Preisgrenze pro Band differiert von $ 20 bis $ 84 und liegt im Durchschnitt bei $ 50. Keiner der befragten Grossisten setzt eine jährliche Mindestsumme für Lieferungen fest, dementsprechend werden neben großen wissenschaftlichen Bibliotheken auch Klein- und Kleinstbibliotheken mit Literatur versorgt.

Die Frage der Rückgabenquote findet überwiegend eine großzügige Behandlung. 9 Buchhändler gestatten Rückgaben ohne jegliche Begrenzung, 7 in vertretbarem Rahmen, 10 mit Beschränkungen, wobei die genauen Prozentsätze in dem Bericht leider nicht genannt werden. In keinem Fall besteht eine Art Grundgebühr für Blanket Orders oder Approval Plans. 6 Buchhändler verschicken ihre Sendungen portofrei. Die Kosten eines jeden Buches berechnen sich nach dem Preis, den der Verlag bei Erscheinungsdatum festsetzt.

Eine zentrale Stellung in dem Bericht von Wedgeworth nimmt die Frage nach den Vor- und Nachteilen ein, die sich für den Buchhändler aus einem Blanket Order–/Approval Plan–Kontrakt ergeben. Als Vorteile wurden u.a. genannt:

Fester Kundenstamm	von	9	Buchhändlern
Verlegerrabatte bei Sammelbestellungen	"	6	"
Enge Zusammenarbeit mit den Bibliotheken	"	6	"
Möglichkeiten, die geschäftliche Basis mit einzelnen Bibliotheken noch weiter auszubauen	"	5	"
Weniger Arbeit	"	5	"
Keine Vorteile	"	5	"
Zufriedenstellendere Arbeit	"	3	"
Größere Möglichkeiten, Publikationen aus der UdSSR zu bekommen	"	3	"
Leichtere Abrechnung	"	1	"
Anwachsen der eigenen Publicity	"	1	"

Als Nachteile wurden u.a. angeführt:

Keine Nachteile	von	9	Buchhändlern
Größere Arbeitsbelastung	"	9	"
Anwachsen der Unkosten	"	6	"
Mögliches Überhandnehmen von Rückgaben	"	5	"
Problem eines qualifizierten Mitarbeiterstabes	"	2	"
Ausschreiben von Mehrfachdurchschlägen für jedes Buch	"	1	"

Die abschließende Frage zielte auf einen möglichen Ausbau der bestehenden Blanket Order–/Approval–Programme ab. Bis auf eine Ausnahme zeigten sich alle Grossisten an einer Erweiterung in der Zukunft interessiert.

A. De Volder[68] berichtet über einen Versuch, die Bibliotheksverhältnisse an der University of New Mexico entscheidend zu verbessern. Die Basis hierfür sollte ein Approval Plan bilden, zu dessen Vorbereitung eine Fragebogenaktion gestartet wurde, die sich an University- und College-Bibliotheken ausschließlich in den Weststaaten der USA richtete, da diese ähnliche Voraussetzungen, insbesondere finanzieller Art, besitzen. Von den angeschriebenen 31 Bibliotheken antworteten 24, durch zusätzliche Interviews erhöhte sich die Zahl bis Dezember 1971 auf 28.

Auf die Frage, wie hoch sich der Prozentsatz der Approval Plans gemessen am Gesamtetat beläuft, ergab sich eine Spanne von 10 % (1 Bibliothek) bis 50 % (1 Bibliothek). Ein Großteil der Bibliotheken, nämlich 7, nannte 20-25%, was als Durchschnittswert betrachtet werden kann. 4 gaben 26-35% an. 4 Bibliotheken antworteten nicht, 4 konnten keine Angaben machen.[69]

15 Bibliotheken sprachen ihre volle Zufriedenheit mit dem Approval–Programm aus, während nur 2 Kritik anmeldeten. Insbesondere die Schnelligkeit der Lieferungen wurde lobend erwähnt – von 13 Institutionen, sodann beträchtliche Zeiteinsparungen durch das vereinfachte Bestellverfahren von 15 Bibliotheken, 5 sprachen von ungleichmäßigen und fehlerhaften Sendungen.

68) Approval Plans. Report. Der Artikel, der nicht veröffentlicht ist, wurde freundlicherweise von der Firma Richard Abel & Co. in einer Kopie zur Verfügung gestellt.

69) Dieses Bild wiederholt sich bei den meisten der folgenden Fragen. Bis zu 33 % der Bibliotheken gaben oder konnten keine Auskunft auf die gestellten Fragen geben, so daß der Aussagewert der Untersuchung insgesamt doch erheblich eingeschränkt sein dürfte.

Was Reihen- und Serienwerke angeht, so erklärten 9 Bibliotheken, daß sie für eine definitive Entscheidung jeweils den ersten Band erbitten, 4 erhalten lediglich Ankündigungen in Zettelform, 3 erhalten keine Information.

Zweit- und Mehrfachexemplare, soweit diese aus finanziellen Gründen überhaupt erworben werden können, werden nur von 6 Bibliotheken in Form von Einzelbestellungen bei demselben Buchhändler in Auftrag gegeben.

Das Überprüfen und Vergleichen der Sendungen mit den einschlägigen Bibliographien werden nicht gerade intensiv betrieben. Allein 5 Bibliotheken gaben hier eine bejahende Antwort, 10 überprüfen an Hand der LC–Katalogkarten, 8 mittels der Bestellkarten. Entsprechend verhält es sich mit den Bemühungen, spezielles Titelmaterial ausfindig zu machen, das nicht über einen Approval Plan angeliefert wird. Weniger als die Hälfte der befragten Bibliotheken – nämlich 11 – konnten in diesem Punkt zustimmen.

Zur Frage der Rückgaben äußerten sich nur 14 Bibliotheken, da sie eine lückenlose Kartei führen und somit über statistische Unterlagen verfügen. Es ergibt sich folgendes Bild, das wohl kaum auf detaillierte und modifizierte Profile schließen läßt:

Rückgabequote	5-10 %	von	4	Bibliotheken
"	10-20 %	"	5	"
"	25 %	"	1	"
"	31 %	"	1	"
"	50 %	"	1	"

Es muß betont werden, daß dieser Bericht von De Volder nicht repräsentativ ist, es auch garnicht sein kann, da ein hoher Prozentsatz der beteiligten Bibliotheken, wie schon an früherer Stelle vermerkt wurde, auf eine Reihe von Fragen keine Antwort gab und die Ergebnisse somit leicht falsch interpretiert werden können. Dennoch spiegelt er zutreffend eine bestimmte Situation vieler amerikanischer Bibliotheken wider, zumal in den West- und Südstaaten, wie De Volder hervorhebt, die in besonderem Maß mit Personalmangel, dann aber auch mit finanziellen Schwierigkeiten zu kämpfen haben, sich daher bereitwillig nach zeit- und arbeitssparenden Erwerbungsformen umsehen und so auch ohne Zögern ein Approval–Programm übernehmen. Dies ist aus der Mehrzahl sowohl der knappen Antworten, als auch der breiteren Ausführungen der Bibliotheken klar zu ersehen. Dabei wird über manche Schwächen hinweggesehen, manche Nachteile werden in Kauf genommen, manches großzügiger gehandhabt, sofern nur ein überwiegender Erfolg garantiert ist, was andernorts, wo andere Verhältnisse anzutreffen sind, Kritik hervorruft. Nur um dies zu verdeutlichen und zu zeigen, auf welchem Hintergrund das schnelle Anwachsen der Approval Plans gesehen werden muß, wurde dieser Bericht in die Übersicht miteinbezogen.

Weitaus repräsentativer sind dagegen die Umfragen von N. Dudley[70] und D.O. Lane[71], die in kurzen zeitlichen Abständen 79 bzw. 77 Mitgliedsbibliotheken der Association of Research Libraries (ARL) zum Thema Blanket Orders/Approval Plans befragten.

Dudley erhielt von 52 Bibliotheken Antwort: 49 aus den USA, 3 aus Canada; 44 davon hatten Erfahrungen mit solchen Programmen. Auf die Frage, wie viele Approval Plans zum Zeitpunkt der Untersuchung an den einzelnen Bibliotheken bestehen, nannten

	7	Bibliotheken	1	Approval Plan
	11	"	2	" "
	4	"	3	" "
	7	"	4	" "
	4	"	5	" "
	2	"	7	" "
je	1	"	8, 10, 12, 15, 18, 20, 32, 35, 38, 40	

Die Zahl der Grossisten hält sich dabei in auffallend engen Grenzen. Danach hatten zum fraglichen Zeitpunkt

Richard Abel & Co.	Programme mit		22	Bibliotheken
Otto Harrassowitz	"	"	22	"
Stechert–Hafner	"	"	15	"
Livres Etrangers	"	"	11	"
Martinus Nijhoff	"	"	7	"

70) a.a.O. S. 318-327.

71) Total Effect of Approval Plans on the Nation's Academic Libraries. In: Economics of Approval Plans . . . 1972 S. 36-49

Centro Interamericano de Libros Academicos	Programme mit	7	Bibliotheken
Stevens & Brown	" "	5	"
Kubon & Sagner	" "	5	"
C.G. Rosenberg	" "	4	"

Die gebräuchlichste Form der Mitteilung durch den Buchhändler, welche ausgewählten Titel eine Lieferung enthält, ist die Kennzeichnung der jeweiligen Publikationen in einer Kopie der entsprechenden Nationalbibliographie. So bei 20 Bibliotheken.

Auf die Frage, wer die Sendungen in den Bibliotheken überprüft, wurden verschiedenste Antworten gegeben. Genannt wurden 'bibliographers, subject librarians, acquisitions librarians, reference librarians' oder pauschal 'library staff and faculty'. Eine zweite Antwortreihe vermittelt indessen den Eindruck einer recht großzügigen Verfahrensweise in einzelnen Bibliotheken, wie es schon aus dem Bericht von De Volder zu ersehen ist. Angaben wie 'very little screening necessary, dealer selections are usually satisfactory, no regular method of review at this time, we accept nearly everything, no review' lassen nicht gerade auf eine intensive Kontrolle schließen. Dementsprechend ist auch beinahe in jedem Literaturbeitrag das Problem 'junk' mit Nachdruck erwähnt und diskutiert.

Interessant sind einzelne Antworten auf die Frage, wie hoch sich, gemessen am gesamten Buchkauf einer Bibliothek bei einem bestimmten Buchhändler, der Prozentsatz derjenigen Literatur beläuft, die allein von diesem ausgewählt wird, d.h. durch die Frage sollte herausgefunden werden, in welchem Umfang die Bibliotheken zusätzlich zu ihrem automatisch laufenden Approval Plan bei demselben Lieferanten Bestellungen aufgeben, die auf eigener Auswahl beruhen. Die Library of Congress nannte 40 %, was besagt, daß sie in eigener Regie 60 % kauft, die Iowa State University und die University of California Research Library, Los Angeles, 50 %, die National Library of Medicine 30-70 %.

Von den 44 Bibliotheken, die mit Blanket Orders oder Approval Plans arbeiten, gaben 23 an, daß sie ihr laufendes Programm nach Möglichkeit, soweit dies die finanziellen Mittel zulassen, ausbauen werden, 13 wollen es im bisherigen Umfang beibehalten[72].

72) Die Frage von Dudley nach den Vor- und Nachteilen von Approval Plans, die sich hier anschließen müßte, wird erst im nächsten Abschnitt behandelt, um sie nicht aus dem dortigen Zusammenhang zu lösen.

D.O. Lane, der in einer Reihe von wichtigen Fragen die Ausführungen Dudleys ergänzt, erhielt von 59 der 77 angeschriebenen Bibliotheken Auskünfte. Von diesen nehmen 54 an solchen Programmen teil, 30 mit Approval Plans, 23 mit Blanket Orders. Lane teilte nun diese 54 Institutionen in 2 Gruppen und führte in verschiedenen Punkten getrennte Untersuchungen durch. Gruppe I umfaßt alle diejenigen Bibliotheken – insgesamt 32 –, die überwiegend Programme für englischsprachige Publikationen haben, Gruppe II 22 Bibliotheken, deren Programme hauptsächlich fremdsprachige Literatur berücksichtigen[73].

In der Gruppe I schwanken die jährlichen Ausgaben für Approval Plans/Blanket Orders zwischen $ 20.000 und $ 150.000 mit einem Durchschnitt von $ 91.300, in der Gruppe II von $ 15.000 bis $ 300.000 mit einem Durchschnitt von $ 123.583. Prozentual gesehen heißt dies: am Gesamtetat pro Jahr gemessen, umfassen die automatischen Erwerbungsprogramme in der Gruppe I eine Spanne von 3 % bis 33 % – Durchschnitt 14 % –, in der Gruppe II von 2,5 % bis 35 % – Durchschnitt 13 %.

Einzelbestellungen, die zusätzlich zu den laufenden Programmen gemacht werden, erfolgen bei einem Großteil der Bibliotheken – in der Gruppe I sind dies 18, in der Gruppe II 13 – über denselben Buchhändler, lediglich 4 bei einem anderen Grossisten, nur 1 beim örtlichen Buchhandel.

Die Antworten auf die Frage, ob überhaupt, und wenn, in welcher Form eine Überprüfung der gelieferten Publikationen mit einschlägigen Bibliographien stattfindet, ergeben ein ähnliches Bild wie schon bei De Volder und Dudley.

	Gruppe I		Gruppe II	
Es überprüfen an Hand von Publisher's Weekly etc.	6	Bibliotheken		
Verlagskatalogen	1	"		
Nationalbibliographien	2	"	9	Bibliotheken
Keine Möglichkeit zur Überprüfung haben	18	"	7	"
Gelegentliche Überprüfung	1	"		
Keine Überprüfung	2	"		

73) Mit Veröffentlichungen in deutscher Sprache an der Spitze (19 Bibliotheken). Es folgt die Literatur in russischer (12), in französischer (11), in spanischer (6) und italienischer Sprache (4).

Ihre volle Zufriedenheit mit den bestehenden Programmen brachten von 46 Bibliotheken, die in großem Umfang daran teilnehmen, 43 zum Ausdruck, nur 2 gaben eine negative Antwort, 1 fand den Zeitpunkt für eine zutreffende Beurteilung noch verfrüht. Diese überwältigende Zustimmung ersieht man nicht zuletzt auch daraus, daß in der Gruppe I 16, in der Gruppe II 8 Bibliotheken ihr Approval–Programm auf andere Fachgebiete ausweiten wollen, zusätzliche 4 in der Gruppe I innerhalb der schon ausgewählten Gebiete. Für eine Beibehaltung der augenblicklichen Programme sprachen sich in der Gruppe I 7, in der Gruppe II 6 Bibliotheken aus.

Eine zentrale Stellung in der ganzen Umfrage nimmt nach Aussage von Lane eine Frage ein, die bisher noch nicht in der Diskussion aufgetaucht war. Lane wirft nämlich die Frage auf, ob nicht eine Gefahr darin liegt, daß die Mehrzahl aller wichtigen wissenschaftlichen Bibliotheken der USA bei einer verhältnismäßig geringen Zahl von Grossisten einen Großteil ihrer Literatur in Auftrag gibt, so daß einerseits bestimmte Publikationen fast überall vorhanden sind, andere dagegen – u.U. sogar wichtige – sowohl von den Lieferanten als auch von den Bibliotheken übersehen werden, daher fast nirgends vorhanden sind. Der weitaus größte Teil der befragten Bibliotheken ist hierin anderer Meinung. 41 stimmten der Befürchtung von Lane nicht zu – mit den hauptsächlichen Argumenten, daß nicht ein Buchhändler allein, sondern mehrere für die Erwerbung der Literatur herangezogen werden, daß somit bestimmte Bücher mehrfach übersehen werden müßten und daß zudem das eigene 'checking' eine zusätzliche Garantie sei. Zumindest das letztgenannte Argument kann nach den Ergebnissen verschiedener Umfragen, die im vorigen gerade zu diesem Punkt dargelegt wurden, bezweifelt werden.

Man kann zusammenfassend sagen, daß dieser gedrängte Überblick sowohl über die Erfahrungen einzelner Bibliotheken als auch über größere Fragebogenaktionen eine Fülle von Aspekten sichtbar werden läßt, auf eine Reihe von Problemen hinweist, und nicht zuletzt Vor- und Nachteile aufzeigt, die solche automatischen Programme wie Approval Plans mit sich bringen. Um freilich zu allgemeingültigen Aussagen zu kommen, muß gerade der Bereich der Vor- und Nachteile, der in diesem Abschnitt nur verstreut, daher isoliert in Erscheinung tritt, noch stärker akzentuiert werden, was im folgenden in Form einer Zusammenschau geschieht.

3. Vor- und Nachteile im Überblick

Den Ausgangspunkt soll der schon mehrfach zitierte Bericht von N. Dudley bilden, der von den befragten Bibliotheken insgesamt 102 Vorteile und 48 Nachteile in Erfahrung bringen konnte. Diese Zahlen sind auf den ersten Blick imponierend, doch lassen sie sich, was bei Dudley in der Auswertung auch geschieht, auf eine wesentlich geringere Zahl von Hauptpunkten zusammenfassen.

Was die Vorteile betrifft, so wurden folgende drei mit weitem Abstand an führender Stelle genannt: Schnelligkeit der Lieferung von 29 Bibliotheken, zumal auf diese Weise eine rechtzeitige Erwerbung garantiert ist und das Problem, daß die Literatur bei späterer Bestellung u.U. vergriffen ist, eliminiert wird. Sodann von 25 Bibliotheken das vereinfachte Bestellverfahren. Insbesondere daß keine Einzelbestellungen mehr ausgeschrieben werden müssen, somit Personal- und Kosteneinsparungen möglich sind, fand nachdrückliche Betonung. Ferner von 23 Bibliotheken die intensivere Erfassung von Neuerscheinungen auf breiter Basis in den entsprechenden Fächern. Hinzu kommt, daß man durch Approval Plans nicht mehr von der sporadischen und zuweilen en passant durchgeführten Buchauswahl seitens der Faculty oder Mitgliedern der Bibliothek abzuhängen braucht.

Vergleicht man diese Reihung mit den Einzelberichten, so entspricht sie durchaus den dortigen Aussagen. Es überrascht freilich, daß nur 8 Bibliotheken einen Vorteil darin sehen, daß durch Approval Plans die endgültige Auswahl mit dem Buch in der Hand erfolgt. Dies ist nämlich ein Gesichtspunkt, der in den Einzelberichten vielfach wiederkehrt und durchaus größere Beachtung verdienen sollte. Als nächstwichtiger Punkt wurde von 5 Bibliotheken angeführt, daß man infolge der Zeiteinsparungen spezielleren Aufgaben größere Aufmerksamkeit widmen kann, so z.B. Rückwärtsergänzungen oder antiquarischen Käufen. Einen anderen Gesichtspunkt, dem man ebenfalls viel zu wenig Bedeutung beizumessen scheint, nennt M. Wilden-Hart[74]. Sie sieht in Approval Plans das ideale Mittel, an den Bibliotheken neu gegründeter Universitäten einen „basic core", d.h. einen Grundbestand an Literatur in kurzer Zeit aufzubauen, so daß die Bibliothekare ihre Zeit vorwiegend auf die Beschaffung schwer zugänglicher Publikationen verwenden könnten. Es bestände hier also der Fall, daß ein Approval Plan zur Ergänzung der traditionellen Bestellmethode dient. Größerer Discount als Vorteil wird ausdrücklich nur von A. Dahl-Hansen und R.M. Dougherty[75] erwähnt. Dies mag anfänglich verwundern, doch bestätigen sich hiermit die von dem Projekt CALBPC ermittelten Prozentzahlen[76] und die

74) a.a.O. S. 402

75) a.a.O. S. 376

76) vgl. S. 32 dieser Arbeit

wiederholt in der Literatur zu lesende Aussage, daß beim Abschluß von Approval Plans am wenigsten der Discount von Bedeutung ist, vielmehr ein guter Service[77].

Ein differenzierteres Bild läßt sich im Bereich der von Dudley aufgeführten Nachteile gewinnen. An der Spitze steht mit 11 Stimmen die Ungewißheit bei den Bibliotheken, ob ein Neuerscheinungstitel, dessen Anschaffung von Benutzern oder der Faculty empfohlen wird, tatsächlich über den bestehenden Approval Plan geliefert wird oder nicht und zu welchem Zeitpunkt. 10 Bibliotheken klagten über unwissenschaftliche und unwichtige Literatur, die häufig durch Approval–Programme erworben wird. Nur auf 1 Grossisten bezog sich die Kritik von 5 Bibliotheken wegen höherer Preise. Sie kann daher wohl kaum als symptomatisch angesehen werden. Die Tatsache, daß sich die Kontrolle über den Gesamtetat schwieriger gestaltet, da der Umfang einer jeden Sendung im vorhinein nicht abgeschätzt oder gar berechnet werden kann, wurde von 5 Bibliotheken angeführt, ebenso eine ständige Dublettengefahr durch die Literatur, die auf dem Weg von Tausch, Geschenken oder Standing Orders erworben wird. Auch Publikationen, die gleichzeitig in mehreren Ländern erscheinen, sind problematisch. Wiederum 5 Bibliotheken bemängelten die schlechte Auswahl, sei es daß zu wenig oder daß einfach falsche Bücher vom Buchhändler ausgewählt wurden. Nimmt man die 10 obigen Stimmen hinzu, so ergibt sich, daß von den 44 Bibliotheken, die ein Blanket Order– oder Approval Plan–Programm haben, 15 an der Qualität des ausgewählten Materials Kritik üben. Dies sind immerhin beinahe 33 %, was doch gerade bei der überwiegend großzügig angelegten Erwerbungspraxis amerikanischer Bibliotheken zu denken gibt[78].

Überraschend ist in der Tat, daß nur 4 Bibliotheken die Abtretung der Buchauswahl an einen Außenstehenden als einen Nachteil ansehen, zumal wenn man bedenkt, welche Rolle gerade dieser Punkt in der Diskussion und nicht nur in der Diskussion der Anfangsjahre spielt[79]. Die Gefahr einer Konzentration auf seiten der Grossisten und eine daraus resultierende, ständig sich vergrößernde Abhängigkeit der Bibliotheken von diesen brachten nur 3 als mögliches Risiko vor, von Kommunikationsschwierigkeiten, was den eigenen Bedarf, das erstellte Profil und notwendige Modifikationen angeht, sprachen 2 Institutionen.

77) So etwa bei D. Melcher a.a.O. S. 111

78) Vgl. in diesem Zusammenhang die Ausführungen S. 43 und 44

79) Vgl. S. 28 Anm. 49

Diese Angaben von Dudley lassen sich noch durch einige andere ergänzen. So weist P.D. Morrison z.B. daraufhin, daß die endgültige Auswahl in den Bibliotheken ohne Zuhilfenahme von Rezensionen in Fachzeitschriften erfolgen muß, da diese erst zu einem wesentlich späteren Zeitpunkt zur Verfügung stehen. Da die meisten Bibliothekare in den USA nur über geringe Fachkenntnisse verfügen, sieht er hier größere Schwierigkeiten für eine sachgerechte Entscheidung. J.P. Browne[80] erblickt eine teilweise Aufhebung der Zeit- und Personaleinsparungen darin, daß die Approval–Sendungen sorgfältig geprüft und eventuell Rückgaben vorgenommen werden müssen. Speziell auf die amerikanischen Verhältnisse beziehen sich D. Gore[81], M.M. Gormley[82], L.W. Anderson[83] und R.E. Chapin[84], die den Vorteil der schnellen Lieferung dadurch entscheidend gemindert sehen, daß die Bücher oft sehr lange unbearbeitet in der Bibliothek liegen, bis – teilweise mit großem zeitlichen Rückstand – die vorgefertigten Katalogkarten der Library of Congress vorhanden sind. Gore schlägt daher die Einführung des Systems FASTCAT vor, durch das diese technische Schwierigkeit beseitigt werden soll. Grundprinzip ist, daß die entsprechenden Bücher eine fortlaufende Nummer erhalten, in eine eigens dafür eingerichtete Sammlung gelangen und dort numerisch aufgestellt werden. Dieselbe Nummer erscheint im Publikumskatalog, wo alle Bestellzettel bis zur vollständigen Bearbeitung der Bücher aufbewahrt bleiben. Auf diese Weise ist für den Benutzer die Ausleihe dieser Bücher garantiert, ohne daß der Katalogisierungsprozeß überhastet und ohne LC–Klassifikationsangabe abgeschlossen werden muß. Die Bücher können bis zu 1 Jahr im FASTCAT–Regal verbleiben.

4. Einzelprobleme

Mit der Beschreibung des Systems FASTCAT ist ein Punkt in der Darstellung erreicht, wo man vielleicht nicht mehr von Nachteilen sprechen sollte, sondern eher von Problemen, die teils erst jüngst auftraten, daher noch nicht hinreichend

80) a.a.O. S. 143

81) Adopting an Approval Plan for a College Library: The Macalester College Experience. In: Economics of Approval Plans . . . a.a.O. S. 30 ff.

82) Why Approval Plans Fail. In: Economics of Approval Plans . . . a.a.O. S. 53.

83) a.a.O. S. 73 ff. Anderson berichtet z.B., daß von 6648 Approval-Titel, die im Zeitraum von Juli bis Dezember 1970 an die Colorado State University geliefert wurden, 1361 (= 22 %) am 28. Januar 1971 wegen der ausstehenden LC–Katalogkarten noch unbearbeitet waren.

84) a.a.O. S. 120.

gelöst sind, teils sich auch nur als Möglichkeit abzeichnen, was allerdings erst über einen größeren Zeitraum hin abschließend beurteilt werden kann. Gemeint sind Fragen wie etwa der Einsatz eines Computers in einem Approval–Programm die Handhabung von Mehrfachbestellungen einzelner Titel, die Verbesserung der bibliographischen Angaben durch den Buchhändler oder die Auswirkungen finanzieller Schwierigkeiten, sei es auf seiten der Buchhändler oder der Bibliotheken infolge von Budgetbeschränkungen, schließlich die mögliche Gefahr einer allmählichen Literaturverschlechterung durch den garantierten Absatz, der doch einen festen und gerade nicht unwesentlichen Bestandteil des gesamten Approval–Programms bildet.

Zur Frage des Computers nimmt D. Gore[85] in seinem grundlegenden Artikel über Approval Plans Stellung. Er führt aus, daß ein Computereinsatz in keiner Weise von Grund auf notwendig ist, da die Arbeiten, die ein Computer leistet, nämlich die Überprüfung, ob ein bestimmtes Buch in das erstellte Profil paßt oder nicht, vom Buchhändler auch manuell erledigt werden können. Was ein Computer nach Gore mit sich bringt, sind nur gewisse Erleichterungen, aber keine grundsätzlichen. Man mag ihm für den Augenblick recht geben. Wie es sich in der Zukunft verhält, ist eine andere Frage, zumal wenn die Buchproduktion weiterhin so schnell ansteigt. Dann könnte es durchaus sein, daß man nicht mehr von gewissen, sondern tatsächlich von grundsätzlichen Erleichterungen sprechen müßte. Und wie steht es mit der Frage, die Gore übrigens garnicht berührt, wenn eine Bibliothek einen Approval Plan in ein bereits vorhandenes automatisiertes Erwerbungsprogramm miteinbeziehen möchte? Die Western Michigan University[86] berichtet z.B. von unlösbaren Schwierigkeiten, ihre Blanket Orders/Approval Plans, die einen zunehmend größeren Prozentsatz erreichten, so zu programmieren, daß sie in das kurz zuvor eingerichtete Computersystem eingefügt werden konnten. Die Folge war, daß man wieder auf die manuelle Methode überging. Dies ist freilich nur *eine* Stimme, zuverlässigeres wird man erst an Hand von größeren Erfahrungen, die aber schon jetzt gemacht werden sollten, sagen können.

Auch das Thema Doppel- oder Mehrfachbestellung von Literatur, sei es im großen oder auch nur im Einzelfall, was bisher vor allem in technischer Hinsicht Schwierigkeiten bereitet, ist nur angesprochen, aber keineswegs erschöp-

85) Understanding Approval Plans, a.a.O. S. 5 f.

86) Vgl. R.W. Boss, Automation and Approval Plans. In: Advances in Understanding Approval . . . Plans . . . a.a.O. S. 19-34.

fend behandelt. H.D. Ferris[87] schlägt hierfür ein neues System vor, das mittels einer Zahlenkombination, die 4 Elemente umfaßt, funktionieren soll. Das erste Element ist eine festgelegte Zahl für den jeweiligen Verleger, es folgen die Kodenummer für das Fach, die Zahl der gewünschten Exemplare und schließlich eine Erkennungszahl für die spätere Abrechnung. Dieser Vorschlag kommt ganz von den spezifischen Verhältnissen der Purdue University (Indiana) her, wo infolge eines dezentralisierten Bibliothekssystems ein ständiger Kampf um das eine Approval–Exemplar besteht.

Gegen diesen Vorschlag wendet sich J.W. Boyer[88], der als Grundsatz nicht die automatische, sondern die selektive Doppel- oder Mehrfacherwerbung von Literatur aufstellt. Dies sollte erst nach sorgfältiger Prüfung durch Fachleute der Faculty oder der Bibliothek geschehen und keinesfalls en bloc durchgeführt werden, was jeglichen Auswahlprinzipien widersprechen würde. Zudem sei wegen der höheren Rabatte nur ein Kauf über einen anderen Buchhändler vertretbar. Ob Mehrfachbestellungen en bloc oder im Einzelfall – hier muß wohl nach Klärung der technischen Probleme jede Bibliothek die Entscheidung selbst treffen, zumal die finanziellen Möglichkeiten und andere Gegebenheiten doch den Ausschlag geben.

Ein anderes Problem bilden die von den Buchhändlern gemachten Angaben, die immer wieder Anlaß zu Klagen geben. Es betrifft dies einmal die bibliographische Seite, d.h. die genaue Beschreibung des Buches, wozu auch die Vollständigkeit der Beschreibung zu rechnen ist, sodann auch andere für die Bibliotheken wichtige Bezeichnungen, z.B. Level–Angaben wie 'scholarly' oder 'academic research library'. Was versteht der Buchhändler hierunter und was die Bibliothek? Wenn in diesem Punkt kein klares Einverständnis erzielt werden kann, sind Komplikationen unausweichlich, da entsprechend diesen Bezeichnungen die Literatur geliefert wird oder auch nicht. Als Beispiel möge die Colorado State University[89] dienen, deren Rückgabequote zwar innerhalb eines Jahres von 14,6 % auf 7,3 % zurückging – dies als Positivum –, doch wurden von den zurückgegebenen Titeln 58 % als 'inappropriate' eingestuft und dies ganz im Gegensatz zu den Angaben des Grossisten auf den mitgelieferten Order Slips. Entscheidend ist letztlich, wie qualifiziert der Buchhändler ist,

87) Automated Selection of Duplicate Titles through Approval Plans. In: Advances in Understanding Approval . . . Plans . . . a.a.O. S. 67-83.

88) Selective Duplication and Approval Plans. In: Advances in Understanding Approval . . . Plans . . . a.a.O. S. 85-97.

89) Vgl. den Artikel von L.W. Anderson, a.a.O. S. 71-73.

den sich eine Bibliothek als Partner wählt, wie gut er gerüstet ist für die nicht leichte Aufgabe, über welche Erfahrungen und Möglichkeiten er verfügt. Dann läßt sich auch ein Problem lösen, das R.E. Chapin[90] anschneidet, nämlich das Problem von Profiländerungen infolge von Änderungen der Forschungsschwerpunkte an einer Universität. Selbst wenn neue Forschungsrichtungen aufkommen und andere zurücktreten, muß ein erfahrener Buchhändler flexibel genug sein, um mit Hilfe der Bibliothek entsprechende Korrekturen am ursprünglich erstellten Profil vorzunehmen. Dies wird ohnehin nur innerhalb längerer Zeiträume nötig sein, da sich die Dinge nicht so schnell wandeln und zudem von einem bestimmten Zeitpunkt an erkennbar sind.

Was im Augenblick noch nicht erkennbar ist, nicht einmal ansatzweise, was aber deswegen unter keinen Umständen als nicht aktuell ausgeklammert werden darf, ist die Frage, ob nicht eine Erscheinung wie die Approval Plans eine allmähliche Veränderung des Buchmarktes bewirken könnten, und zwar in Form einer langsam sich vollziehenden Literaturverschlechterung. Es wurde an früherer Stelle vom garantierten Absatz gesprochen. Liegt hier nicht eine Gefahr? Nimmt man die nicht zu leugnende Konzentration auf eine verhältnismäßig kleine Zahl von Grossisten hinzu, ferner die unterschiedlichen Grundvoraussetzungen der Partner – hier *Profit–*, dort *Non–Profit*–Unternehmen –, so zeichnen sich latente Möglichkeiten ab, ob sie nun wahrgenommen werden oder nicht[90a]. Leider muß man sagen, daß bis jetzt viel zu wenig in der Literatur auf diesen Problemkreis hingewiesen wurde[91], was bei der überwiegenden Zufriedenheit mit Approval Plans, die allerdings ganz auf den Augenblick ausgerichtet ist, nicht verwundert.

Immerhin gilt es festzuhalten, daß von seiten der Bibliotheken eine Reihe von Maßnahmen ergriffen werden kann, um einer möglichen Entwicklung in besagter Richtung wirkungsvoll gegenzusteuern. Dies leitet über zum Abschnitt „Folgerungen", der zusammenfassend noch einmal einige wichtige Gesichtspunkte, insbesondere das Verhältnis Bibliothek und Buchhändler betreffend, aufzeigt.

5. Folgerungen

Bedenkt man alle die im vorigen dargelegten Nachteile und Probleme, die ein Approval Plan im Gefolge haben kann – die Betonung liegt hier auf dem Wort

90) a.a.O. S. 123.

90a) Vgl. hierzu die grundlegenden Ausführungen von K. Herrnberger, a.a.O. S. 35-37.

91) Vgl. P.D. Morrison, a.a.O. S. 138, H.C. Atkinson, Faculty Appraisal of an Established Approval Plan. In: Advances in Understanding Approval . . . Plans . . . a.a.O. S. 106, J.P. Browne, a.a.O. S. 143.

kann' –, so ist die wichtigste Folgerung dahingehend zu formulieren, daß zwischen den beiden Partnern, d.h. der jeweiligen Bibliothek und dem Grossisten, ein Verhältnis gegenseitigen Vertrauens und intensive Zusammenarbeit gegeben sein müssen. Das heißt auch, daß der eine den internen Arbeitsablauf und die Probleme des anderen genau kennt, um nicht von falschen Voraussetzungen auszugehen. Die Bibliotheken müssen dafür Sorge tragen, daß ihre Fachprofile, speziellen Wünschen und Sondervereinbarungen klar verständlich sind und keinen Spielraum für eigene Auslegungen des Lieferanten enthalten. Nicht zu Unrecht spricht D. Gore pointiert von einem „crystal-clear understanding"[92]. Ferner ist es, was die Bibliotheken angeht, unbedingt erforderlich, daß die entsprechenden Mitarbeiter, die mit dem Ablauf des Approval Plan irgendwie in Berührung kommen, über alle Einzelheiten und Aspekte des Programms Bescheid wissen. Dies war, wie den Erfahrungsberichten zu entnehmen ist, in der vergangenen Zeit oft nicht der Fall, was eine Reihe zusätzlicher Schwierigkeiten bewirkte.

Die genaue Überprüfung der vom Buchhändler ausgewählten und gelieferten Literatur ist ein weiterer zentraler Punkt[93]. Unter genauer Überprüfung sollte freilich nicht nur die Entscheidung verstanden werden, ob ein Buch mit dem erstellten Fachprofil übereinstimmt oder nicht, sondern gerade auch die kritische Beurteilung der Qualität. Hier dürfte den Bibliotheken das entscheidende Mittel in die Hände gegeben sein, möglichen Tendenzen, wie sie am Ende des letzten Abschnitts angedeutet wurden, von vornherein effektiv zu begegnen. Aber dies eben nur dann, wenn von diesem Mittel auch wirklich Gebrauch gemacht wird. Daß dies ein heikler Punkt ist, wurde schon mehrfach betont[93a]. Das Korrektiv bildet dabei die Rückgabequote. Steigt diese an und hält sich über einen längeren Zeitraum oberhalb einer vertretbaren Grenze – ca. 10 % –, so muß man gemeinsam, d.h. beide Partner, dem Grund nachgehen und die maßgeblichen Ursachen offenlegen. Liegen diese in dem ausgearbeiteten Profil begründet, sind unverzüglich entsprechende Änderungen vorzunehmen. Sind sie komplexerer Natur und treten sie gehäuft an einer Mehrzahl von Bibliotheken auf, müssen neue grundsätzliche Erwägungen angestellt werden. Keinesfalls sollte man jedoch Überprüfung und Vergleichen der Sendungen mit wichtigen Bibliographien als Nachteil ansehen, da ein beträchtliches Maß an Zeit-

92) Understanding Approval Plans, a.a.O. S. 5

93) Es muß gesagt werden, daß sich der Verfasser darüber im klaren ist, daß manches, was im folgenden gesagt wird, wesentlich andere Verhältnisse voraussetzt als sie aus den Erfahrungsberichten einzelner amerikanischer Bibliotheken zu ersehen sind. Gerade in diesem Bereich sind Praktiken anzutreffen, die nicht ohne Bedenken hingenommen werden können.

93a) Vgl. hierzu die Ausführungen S. 41.43.44.

einsparung infolge vereinfachter Bestellarbeit dadurch wieder rückgängig gemacht wird, wie es in dem schon zitierten Bericht von J.P. Browne[94] geschieht. Wenn überhaupt, so kann dies für den Augenblick als lästig und nachteilig erscheinen, doch ist nur so der vielfach angeführte und geforderte Langzeiterfolg von Approval Plans gewährleistet.

Ferner sollte man klar die Grenzen eines Approval—Programms sehen und nicht erwarten, daß dadurch eine Literaturerwerbung in toto sichergestellt ist[95]. Approval Plans sind nicht auf jegliche Literatur anwendbar. In der Regel wird der Bereich der Monographien vollständig erfaßt, freilich unter der bekannten Voraussetzung, daß es sich um Neuerscheinungen handelt. Reihen- und Serienwerke finden unterschiedliche Handhabung[96], Zeitschriften liegen generell außerhalb einer Erfassung. Dies gilt zumeist auch für Veröffentlichungen von Vereinen und Gesellschaften, für Akademieschriften, Proceedings, Reports u.a.[97], die direkt nach dem herkömmlichen Verfahren bestellt werden müssen.

In der Frage einer sinnvollen und rentablen Größenordnung von Approval Plans hat sich seit den Untersuchungen von L. Raney[98], D. Gore[99] und R.E. Chapin[100] eine deutliche Akzentverlagerung ergeben. Während S.A. Shepard[101] noch ein Jahresminimum von $ 100.000 – $ 150.000 ansetzt und den Standpunkt vertritt, daß ein Approval Plan nur dann lohnend sei, wenn er in etwa an die jährlichen Gesamtkosten der Neuerscheinungen in einem bestimmten Fach herankommt, daher sich nur für große Universitäts- und Forschungsbibliotheken eignet, scheint der Trend, was den amerikanischen Bereich betrifft, in jüngster Zeit gerade in die andere Richtung zu gehen, genauer gesagt, er scheint Bibliotheken kleinerer Größenordnung zunehmend mehr miteinzubeziehen. Die Gründe hierfür sind noch nicht deutlich zu ersehen, doch spielen Fragen der Personaleinsparung wohl eine wichtige Rolle.

94) a.a.O. S. 143

95) „But the real point . . . is that no single source will satisfy the current needs of an academic library". Das Zitat stammt aus einem Antwortbrief von J.G. Schad auf den Artikel von R. Rouse und ist veröffentlicht in CRL 31. 1970. S. 347.

96) Vgl. S. 66 f.

97) Eine Ausnahme bildet die Firma Richard Abel & Co. Ausführlich darüber im Teil II dieser Arbeit.

98) a.a.O. S. 191 ff.

99) Adopting an Approval Plan, a.a.O. S. 24-35

100) a.a.O. S. 121

101) Approval Books on a Small Budget? LRTS 12. 1968. S. 144-145

Schließlich sei ein Gesichtspunkt angeführt, der aber nicht deswegen, weil er zuletzt genannt wird, von geringerer Bedeutung ist. Gemeint ist die Notwendigkeit weiterer intensiver Forschung, sowohl im Detail mit exakten mathematischen Auswertungen als auch durch globale Umfragen. Untersuchungen sollten an gleich und verschieden strukturierten Bibliotheken vorgenommen und miteinander verglichen werden, damit man zu gesicherteren Ergebnissen kommt. Denn manche Erfahrung, die an irgendeiner Bibliothek mit Approval Plans gemacht wurde, ist zwar interessant und lehrreich, doch steht sie oftmals zu vereinzelt im Raum als daß relevante Schlüsse daraus gezogen werden könnten.
In dieser Frage herrscht erfreulicherweise allgemeine Übereinstimmung, da kaum ein Bericht ohne den Hinweis oder die Forderung schließt, das Phänomen Approval Plans noch eingehender zu untersuchen.

F. Möglichkeiten für deutsche Universitätsbibliotheken

Es wurde im Vorwort dieser Arbeit darauf hingewiesen, daß seit einiger Zeit von renommierten Grossisten der USA wie Richard Abel, Baker & Taylor oder Bro-Dart Anstrengungen unternommen werden, nach dem Abschluß einer Anfangs- und Aufbauphase und einer deutlichen Konsolidierung in den USA nun neben anderen europäischen Ländern auch den deutschsprachigen Bibliotheksbereich in ihre Approval–Programme miteinbeziehen. Es sollen also entsprechend dem Projekt der Exportbuchhandlung Otto Harrassowitz, Wiesbaden, die seit ca. 20 Jahren den gesamten anglo-amerikanischen Buchmarkt mit deutschsprachiger Literatur auf Approval–Basis versorgt[102], die deutschen Universitätsbibliotheken mit englischsprachigen wissenschaftlichen Publikationen, ebenfalls auf der Grundlage von Approval Plans oder Blanket Orders, beliefert werden. Versuche dieser Art laufen bereits an einer Reihe von Bibliotheken. Um nur einige zu nennen, seien die Universitätsbibliotheken Göttingen, Saarbrücken, Tübingen, Regensburg, Augsburg, Freiburg, Konstanz und die Bayerische Staatsbibliothek als Beispiele angeführt. Freilich muß sogleich eine Unterscheidung getroffen werden. Neben echten Approval Plans nach amerikanischem Vorbild werden gerade für den Anfang sogenannte Informationsprogramme angeboten, so z.B. von der Firma Richard Abel das 'New Title Information Program' (NTIP), das, mit den entsprechenden Programmen anderer Grossisten verglichen, ohne Zweifel das umfassendste und bis jetzt jedenfalls das führende Projekt darstellt. Es ist dies eine möglichst exakte und detaillierte bibliographische Information unmittelbar nach Erscheinen des Buches, ohne daß jedoch die jeweiligen Bücher automatisch den Bibliotheken geliefert werden. Kein Titel wird angekündigt, der nicht schon realiter in der Firma vorliegt. Dieser Service erfolgt ohne Kosten für die Bibliotheken – dies variiert allerdings von Grossist zu Grossist –, freilich in der Erwartung, daß auf diese Ankündigungen hin Festkäufe in angemessenem Rahmen vorgenommen werden. Die Ankündigungsslips, die internationales Bibliotheksformat (7 1/2 x 12 1/2) haben und grundsätzlich in Mehrfachausfertigung angeboten werden, können bei eventueller Bestellung des Buches auch als 'order forms' Verwendung finden, so daß die Akzession keine Bestellzettel mehr ausschreiben muß. Auf lange Sicht gesehen, ist das

102) Zu dem gesamten Programm vgl. den entsprechenden Abschnitt im Teil II dieser Arbeit, außerdem die ausführliche Darstellung in Advances in Understanding Approval . . . Plans . . . 1971 a.a.O. Addendum VI, S. 167-188, wo auch die Programme anderer Firmen vorgestellt werden.

Approval–Programm für wichtige Fächer oder Schwerpunktsammlungen gedacht, das Informationsprogramm vorwiegend für periphere Gebiete und Spezialsammlungen.

Sofern man bei der Kürze der Zeit überhaupt schon von Erfahrungen der beteiligten Bibliotheken sprechen kann, sollen wenigstens einige nun kurz skizziert werden. Da bis jetzt statistische Unterlagen und Auswertungen fast völlig fehlen oder, wenn vorhanden, schwer zugänglich sind, muß man sich für den Augenblick mit ziemlich allgemeinen und pauschalen Aussagen begnügen. Denn überwiegend sind es im jetzigen Stadium – mit Ausnahme der UB Göttingen und der UB Regensburg – nur erste Eindrücke und einzelne Beobachtungen, die sich in der Folgezeit erst zu einem größeren Ganzen zusammenfügen müssen.

Die längsten Erfahrungen mit Approval Plans besitzen die Universitätsbibliotheken Göttingen und Regensburg. Die UB Göttingen hatte seit etwa zwei Jahren in mehreren Fächern Approval Plans, nahm jedoch jüngst grundlegende Änderungen vor. Maßgeblich hierfür waren die hohen Rückgaben, die aber nicht, wie man vermuten könnte, durch schlechte Lieferungen des Grossisten – in diesem Fall Richard Abel – oder fehlerhaft konzipierte Fachprofile zustande kamen, sondern hauptsächlich durch Etatschwierigkeiten der Bibliothek, die teilweise die Literatur, die gemäß dem erstellten Profil hätte vorhanden sein müssen, aus finanziellen Gründen nicht erwerben konnte. Nach der neuen Einteilung bestehen nur noch für die Sondersammelgebiete Approval Plans, da hier infolge der Unterstützung durch die DFG eine breitere finanzielle Basis vorhanden ist. Für die anderen Fächer werden hingegen Informationsprogramme in Anspruch genommen.

Die UB Regensburg führt die Literaturerwerbung an Hand von Lieferungen des örtlichen, überörtlichen und ausländischen Buchhandels durch. Approval Plans für englischsprachige Monographien gibt es für alle Fachgebiete, ausgenommen Landwirtschaft und Technik, seit Januar 1972. Sie sind überwiegend nach Verlagen angelegt, d.h. sie erfassen die gesamte Monographienproduktion bestimmter Verlage, so daß man eigentlich von Blanket Orders sprechen müßte[103], dann aber auch nach Fachgebieten. Die anfängliche Rückgabequote lag bei 20-30% und noch höher, inzwischen allerdings bei dem Normalsatz von 5-10 %.

103) Die Firma Abel, ein Lieferant der UB Regensburg, trennt klar zwischen Standing Orders, Blanket Orders und Approval Plans. Danach bezieht sich der Begriff Standing Order nur auf Reihen und Serien, die als ganzes bestellt werden, Blanket Order auf die gesamte Produktion eines bestimmten Verlages und Approval Plan fachgebunden auf die Produktion mehrerer Verlage. Doch konnte sich diese Terminologie bis jetzt nicht einmal ansatzweise durchsetzen.

Der Grund hierfür war, daß schon vor dem Anlaufen der Approval Plans in den einzelnen Fächern auf Vorankündigungen hin Literatur fest bestellt war, die durch den jeweiligen Approval Plan nochmals geliefert und entsprechend dem eingeräumten Rückgaberecht zurückgeschickt wurde. Es handelte sich also um ein rein technisches Problem mit zeitlicher Begrenzung. Trotz fehlender statistischer Unterlagen konnte die Bibliothek feststellen, daß das Anliefern der Bücher wesentlich schneller als über den örtlichen Buchhandel vonstatten geht[103a], daß ferner keine Mehrkosten, aber auch keine signifikanten Kosteneinsparungen anfallen. Das Überprüfen und Vergleichen der Sendungen mit den entsprechenden National- oder Fachbibliographien ergibt mit durchschnittlich 1 % eine verschwindend geringe Zahl von fehlenden wichtigen Publikationen. Als entscheidenden positiven Gesichtspunkt gibt die Bibliothek an, daß vor dem definitiven Kauf eine sachgerechte Beurteilung an Hand des Buches selbst möglich ist.

An der UB Freiburg läuft seit Mai 1973 im Fach Anglistik ein Versuch mit dem NTIP der Firma Abel. Wie schon gesagt liefert dieses Programm den Bibliotheken 'up to date' alle wichtigen bibliographischen Angaben über eine Neuerscheinung[104] und ist unter dem Aspekt des Informationswertes vergleichbaren Programmen anderer Firmen deutlich überlegen. Was die Schnelligkeit der Ankündigungen und die Arbeitseinsparungen für die Akzession angeht, die bei Festkäufen keine Bestellformulare mehr auszuschreiben braucht, so sind diese nach den Beobachtungen in Freiburg nur als positiv zu bezeichnen. Allerdings konnte man auch hier wie in Göttingen die Erfahrung machen, daß, seien es Approval Plans oder lediglich Informationsprogramme, Etatfragen ein entscheidendes Wort reden und dies unabhängig von der Qualität des laufenden Programms. Bei strenger Prüfung und Auswahl infolge einer schmalen finanziellen Basis wurden im Zeitraum von Mai 1973 bis August 1973 durchschnittlich nur 25-33 % der angebotenen Titel definitiv gekauft, einige zusätzliche vom Institut der Universität. Daß dies nicht hauptsächlich an der minderen Qualität der angezeigten Titel lag, wie man vielleicht glauben möchte, zeigt die Tatsache, daß nach der Dollarabwertung und der daraus resultierenden Verbilligung amerikanischer Bücher spürbar großzügiger gekauft wurde. Dies wirft natürlich die Frage auf, ob nicht die Vorauswahl beim Grossisten für einen durchschnittlichen Etat einer deutschen Universitätsbibliothek zu breit angelegt ist, zumal sie von

103a) Zu diesem Problem vgl. die Ergebnisse von K. Herrnberger, a.a.O. S. 185

104) Vgl. Abb. 10 S. 78

Maßstäben amerikanischer Bibliotheken ausgeht, die zum Großteil doch andere finanzielle Voraussetzungen und damit Möglichkeiten haben. In diesem Punkt können wohl nur ähnliche oder andere Erfahrungen von mehreren Bibliotheken in der Folgezeit weiterführen.

Noch ein anderes zeigte sich nach relativ kurzer Zeit. Obwohl die Angaben auf den Informationsslips sehr detailliert sind, sind sie dennoch gerade bei kritischer Sichtung und strenger Auswahl aus oben genannten Gründen noch nicht vollständig genug. Einige Beispiele mögen dies verdeutlichen: Ein Werk wird mit seinem Titel angezeigt, der sehr allgemein ist und wenig aussagt. Es fehlt der Untertitel, den man wenig später der British National Bibliography entnehmen kann und der allein genauen Aufschluß über das Buch vermittelt. Oder es werden Verfasser und Titel genannt, der Titel wiederum sehr weit gefaßt und wenig informativ. Die etwa gleichzeitig gelieferte Informationskarte der Cambridge University Press schlüsselt in ihren Rubriken 'Scope' und 'Contents' die Intentionen und den Inhalt des Werkes unter Anführung der verschiedenen Kapitel exakt auf. Allerdings muß gesagt sein, daß Verlagsinformationen dieser Art lediglich 10 % der gesamten Abel-Information ausmachen, was auch wiederum von Nachteil ist. Oder: In der Spalte der NSPs, in der nicht sachgebundene Buchcharakteristika aufgeführt werden[105], wird als Bibliothekstyp, für den die betreffende Publikation von Interesse ist, u.a. 'research libraries' genannt. Die eingehende Werkbesprechung in einer führenden Fachzeitschrift ergibt aber, daß es sich um einen wissenschaftlich völlig irrelevanten und unzureichenden Versuch handelt, der in keiner Weise ernst zu nehmen ist. Oder es geschieht, daß ein Werk als streng wissenschaftlich bezeichnet wird, in Wirklichkeit aber rein populärwissenschaftlichen Inhalts ist.

Mit diesen Beispielen soll nun freilich nicht gegen solche Informationsprogramme Stellung bezogen werden. Die Absicht ist vielmehr, einige schwache Punkte aufzuzeigen, an denen Modifikationen vorgenommen werden könnten, um so den Interessen z.B. deutscher Universitätsbibliotheken noch näher zu kommen. Wie effizient gerade das Abel-Informationsprogramm ist, ersieht man deutlich aus einem Vergleich des American Book Publishing Record (ABPR) mit den Informationsslips der Firma, der für die Bayerische Staatsbibliothek in München erstellt wurde. Danach markierte die Bibliothek in der Dezembernummer 1972 des ABPR 390 Titel. Von diesen zeigte das NTIP bis Ende Dezember 22 (= 5,6%) nicht an. Mit Ausnahme von 6 Publikationen ließen sich für alle anderen triftige Gründe finden. Außerdem konnte man errechnen, daß sich die Zahl der Neuankündigungen im ABPR für das Jahr 1972 auf ca. 26.500 englischsprachige Titel

105) Vgl. Abb. 3-5 S. 71-73

belief, das NTIP zeigte im gleichen Zeitraum ca. 32.600 englischsprachige Titel an.

Erste Schlußfolgerungen oder gar Ergebnisse aus diesen Beobachtungen, Eindrücken, teilweise auch Einzelerfahrungen ziehen zu wollen, hieße, dies zu einem entschieden verfrühten Zeitpunkt zu tun. Noch ist die Basis zu schmal, noch sind die Erkenntnisse zu wenig gesichert, da an einer Reihe von Bibliotheken die Experimente erst seit ca. 1/2 Jahr bestehen, während als Mindestdauer für eine einigermaßen adäquate Beurteilung doch 1 Jahr anzusetzen ist.[106)] Vor allem sollte man nicht generalisieren. Was für eine große Bibliothek mit entsprechendem Etat oder eine Neugründung, die von Grund auf ihre Bestände aufzubauen hat und daher über hohe Aufbaumittel verfügt, von Hilfe und Vorteil sein kann, muß noch lange nicht für eine traditionelle Bibliothek mittlerer oder kleinerer Größenordnung gelten. Die Frage des Etat wird in jedem Fall bei der Entscheidung pro oder contra eine zentrale Rolle spielen. Doch vermag ein versierter Grossist auf Grund von Erfahrungswerten klare Angaben zu machen, wie hoch sich in etwa bei sinnvollem Funktionieren die Kosten eines Approval Plan in einem bestimmten Fach belaufen werden, so daß wenigstens eine erste Orientierung mit Richtwerten den Bibliotheken gegeben ist. Diese wiederum müssen, sozusagen als Grunderfordernis, klare Vorstellungen über ihr Erwerbungsprogramm im ganzen haben.

Für manchen mag die Idee von umfassenden Ansichtssendungen[106a)] in Form von Approval Plans und Informationsprogrammen im Bereich der Erwerbung

106) Vgl. H.K. Rebuldela, Some Administrative Aspects . . . a.a.O. S. 345.

106a) Auf die große Bedeutung von Ansichtssendungen beim Buchkauf insgesamt weist nachdrücklich K. Herrnberger, a.a.O. S. 156 hin:
„Zweifelsohne muß den genannten Informationen eine die Kaufentscheidung des Bibliothekars beeinflussende Wirkung zugeschrieben werden. Allerdings stellte sich während der Interviews heraus, daß es unmöglich war, eine Rangfolge etwa dergestalt anzugeben, daß die Informationen in der Reihenfolge angegeben werden, wie sie für die Kaufentscheidung des Bibliothekars von Bedeutung sind. Stattdessen wurde immer wieder auf die Bedeutung der Ansichtssendung hingewiesen, die die notwendigen Informationen enthalten würde, um einen Kaufentschluß herbeiführen zu können.
Daraus kann geschlossen werden, daß der *Buch*käufer ähnlich wie ein potentieller Käufer ganz allgemein ein neues Produkt nämlich nicht allein nach der aufaddierten Summe der Teilinformationen, sondern vor allem nach dem momentanen Gesamteindruck, d.h. dem mehr oder weniger harmonischen 'Gemisch' aller von ihm gleichzeitig empfangenen Informationen beurteilt. Im Einklang damit steht die hohe Anzahl der Bibliotheken, die angeben, Ansichtssendungen zu erhalten. Bei den zentralen Hochschulbibliotheken sind es 94 %, bei den Hochschulinstitutsbibliotheken 93 % und auch bei den in geringer Anzahl befragten Staats- und Landesbibliotheken sind es immerhin 80 %."

an deutschen Universitätsbibliotheken faszinierend sein. Nimmt man hinzu, daß z.B. die Firma Richard Abel einen ausgedehnten Katalogisierungsservice in Form von 'catalog card sets', 'magnetic tapes' und 'computer based book catalogs' anbietet, daß allein die Magnetbänder zweiwöchentlich ca. 2000 Titelaufnahmen von vorwiegend englischsprachigen Neuerscheinungen auf der ganzen Welt liefern und stellt man ferner in Rechnung, daß Dienste dieser Art zunehmend mehr auf- und ausgebaut werden, so könnte man hier für die Zukunft Möglichkeiten sehen, die umwälzende Neuerungen oder tiefgreifende Veränderungen, was die herkömmlichen Strukturen, Aufgabenbereiche und Arbeitsmethoden an wissenschaftlichen Bibliotheken angeht, zur Folge haben könnten. Doch wird man hier vorsichtig sein müssen. Ob und inwieweit diese tatsächlich eintreten, ob sie auch den Bereich der Buchproduktion umfassen, was an früherer Stelle dieser Arbeit als eine Möglichkeit angedeutet wurde, vermag im voraus nicht beantwortet zu werden. Zu viele Faktoren spielen hier eine Rolle, zu komplex ist der ganze Problemkreis als daß er schon jetzt überschaubar wäre. Doch wäre es denkbar, um nur einen Aspekt zu nennen, daß an Bibliotheken nach dem Wegfall von Routinearbeiten gewisse Funktionen teilweise oder ganz verlagert würden, daß z.B. die Auskunftserteilung oder andere Dienste verbessert oder gefördert würden.

Für den Augenblick läßt sich abschließend folgendes sagen: Approval Plans, so wie sie an amerikanischen Bibliotheken bestehen, die zudem ganz auf die Bibliotheksverhältnisse in den USA zugeschnitten sind, eignen sich auf den europäischen Raum übertragen in erster Linie für Bibliotheken oberster Größenordnung, die umfassende Sammelaufgaben haben und dementsprechend eine großzügigere Auswahl treffen können. Es sind dies hauptsächlich National-, Staats- und Landesbibliotheken oder, speziell für den deutschen Bereich, Bibliotheken mit Sondersammelgebieten. Dies kann auch den Aufbau von Literatur in sehr speziellen Bereichen miteinschließen, z.B. wenn die Deutsche Bibliothek in Frankfurt mit Literatur über Deutschland, die in Übersee erscheint, versorgt wird. Wie von der Firma Richard Abel zu erfahren war, laufen solche Programme u.a. an der British Library Lending Division (früher National Lending Library)[107], an der British Library Reference Division (früher British Museum), an der Bibliothèque Nationale in Paris mit durchweg guten Erfahrungen. Informationsprogramme, zumal in Form von Testprogrammen für even-

107) Vgl. den Bericht von J. Tehnzen und W. Jacob, Probleme der Literaturversorgung. Überlegungen nach einem Besuch der National Lending Library, Boston Spa, England. In: Nachrichten für Dokumentation 24. 1973. S. 169 f.

tuell später einzurichtende Approval Plans, kommen dagegen den Bedürfnissen und Möglichkeiten der meisten Universitätsbibliotheken oder großer Institutsbibliotheken nahe. Finanzielle Gesichtspunkte spielen dabei zuungunsten von Approval Plans die entscheidende Rolle, für die Bibliotheken Fragen des Etats, für den Grossisten Kosten durch Luftfracht aus den USA oder durch sonstigen Versand, zudem u.U. hohe Kosten durch zahlreiche Rückgaben in die USA. Erfolgen auf den Informationsslips noch gewisse Modifikationen, über die weiter oben gesprochen wurde, die noch mehr auf die Anforderungen und Gepflogenheiten deutscher Bibliotheken Bezug nehmen, so sind sie das ideale Mittel, englischsprachige wissenschaftliche Literatur schnell und umfassend zu erwerben. Nicht zuletzt stellen diese ein geeignetes Mittel dar, an Bibliotheken, wo ein Kooperationsprogramm mit den Institutsbibliotheken vorhanden oder im Aufbau ist, den gegenseitigen Kontakt noch mehr zu intensivieren. Bei einem Informationsprogramm ist nämlich über den Festkauf noch nichts entschieden, so daß hier echte gemeinsame Absprachen getroffen werden können. Ein Approval Plan wäre hingegen in diesem Punkt von Nachteil. Denn angenommen, eine Bibliothek hätte einen Approval Plan in einem bestimmten Fach oder gar auf breiterer Basis, dann würde sich doch zumindest für den gesamten englischsprachigen Literaturbereich jegliche Kooperation erübrigen, da die Zentralbibliothek die Bücher schnell und umfassend erhält und diese im Normalfall schon zur Ausleihe bereitstellen kann, und zwar zu einem Zeitpunkt an dem die Institute vielleicht erst durch Fachzeitschriften von den entsprechenden Publikationen Kenntnis bekommen und diese dann über den örtlichen Buchhandel bestellen müssen, was weitere beträchtliche Zeitverluste zur Folge hätte. Dies ist ein Gesichtspunkt, den man nicht zuletzt bedenken sollte.

Teil II

Das Approval–Programm der Firma Richard Abel & Co

Die Firma Richard Abel & Co. wurde im Jahr 1961 in Portland, Oregon, USA, gegründet und entwickelte sich in den folgenden Jahren rasch zum größten Buchlieferanten im Bereich der wissenschaftlichen Bibliotheken (college,research, university libraries), während die *public libraries* und andere Bibliothekstypen von vornherein nicht in das Programm der Firma miteinbezogen wurden. Allein 500 große wissenschaftliche Bibliotheken in der ganzen Welt arbeiten gegenwärtig mit dem Unternehmen zusammen, die kleineren Bibliotheken nicht gezählt. Im Laufe der Zeit entstanden mehrere Zweigniederlassungen in den USA, Canada und Europa (London, Amsterdam, Konstanz).

Der Aufbau der Firma ist abgesehen von einigen Arbeitsgängen, die aus organisatorischen Gründen zentral in Portland durchgeführt werden, dezentral, d.h. jede Filiale ist für das ihr zugeteilte geographische Gebiet allein verantwortlich, was den Arbeitsablauf vereinfacht und spürbar beschleunigt. Der Hauptpunkt des gesamten Programms der Firma ist, umfassend möglichst alle Wünsche und den Bedarf von wissenschaftlichen Bibliotheken zu erfüllen. Um dieses hochgesteckte Ziel zu erreichen, wurde mit Hilfe von erfahrenen Mitarbeitern im Buchgeschäft und qualifizierten Bibliothekaren mit entsprechenden Fachkenntnissen (subject specialists, bibliographers) ein Dienstleistungszentrum aufgebaut, das von der Erwerbung der Literatur, über die Katalogisierung bis zum Bereitstellen im Magazin alle Arbeitsvorgänge, die gewöhnlich von den Bibliotheken durchgeführt werden, umfaßt. Dem Thema dieser Arbeit entsprechend kann hier nur im Sektor der Erwerbung das Approval–Programm behandelt werden, das im folgenden nun in seinen wesentlichen Bestandteilen skizziert werden soll.

Hauptstützen des gesamten Approval–Programms der Firma Abel sind einmal der 'subject thesaurus', sodann die 'non subject parameters'. Der Subject Thesaurus (Abb. 1) wurde von Subject Specialists in Portland in enger Zusammenarbeit mit einer Reihe von wissenschaftlichen Bibliotheken erstellt. Er ist hierarchisch angeordnet, enthält über 4000 Subject Categories, oder anders genannt Subject Descriptors, die 41 nach Fächern angelegten Obergruppen (Abb. 2) untergeordnet sind. Erschlossen wird dieser Thesaurus sowohl durch einen hierarchischen als auch einen alphabetischen Index (Abb. 2). Innerhalb des Thesaurus sind jeweils in der rechten Spalte (Abb. 1) durch die Bezeichnungen SA = *see also,* SN = *scope note* (= Erläuterungen zum Sachgebiet) und SU = *see under* alle möglichen Querverbindungen angezeigt.

Die Non Subject Parameters, gewöhnlich abgekürzt durch NSPs (Abb. 3-5), führen in mehreren Abteilungen eine Fülle von Buchcharakteristika auf, die alle nicht fachgebunden sind, wie z.B. Schwierigkeitsgrad, Sprache, Ursprungsland, Typ des Verlegers, Format, Preis etc. Hinter jeder Position befinden sich 3 Rubriken mit den Bezeichnungen B (books), F (forms) und N (nothing), in denen die Bibliothek angeben muß, welche der 3 angezeigten Möglichkeiten gewünscht wird. In jedem Fall muß in eines der 3 Kästchen ein Zeichen gegeben werden, da Auslassungen aus computertechnischen Gründen nicht möglich sind.

Die Non Subject Parameters bilden den zentralen Bestandteil des 'library profile', das vor der Aufnahme eines Approval Plan gemeinsam erstellt wird. Hinzu kommen die Angabe des oder der entsprechenden Subject Descriptor(s) aus dem Subject Thesaurus (Abb. 6), ferner Angaben über eventuelle 'publisher exceptions' (Abb. 6), die gemäß einer nummerierten Liste von Verlegern, sogenannter 'publisher master file', mit denen die Firma Kontakte unterhält, vorgenommen werden können, und schließlich Angaben über Serienwünsche (Abb. 5). Damit liegt im Normalfall, wenn nicht noch irgendwelche zusätzlichen Vereinbarungen erfolgen, das Bibliotheksprofil für ein bestimmtes Fach vor, auf Grund dessen dann die Approval–Lieferungen vonstatten gehen. Notwendige Änderungen innerhalb eines Profils können mittels der 'profile change form' (Abb. 7) vorgenommen werden. Ist das Profil erstellt, werden sämtliche Daten in den Computer eingegeben und dort gespeichert.

Als nächstes gilt es nun einen vorwiegend firmeninternen Teil des Approval–Systems zu betrachten, dessen Ablauf den Bibliotheken zumeist nicht bekannt ist, dessen Endprodukte sie jedoch in Form der gewünschten Bücher oder von Informationsslips erhalten. Gemeint ist das 'Advance Information Program' (AIP). Die Firma erhält von den meisten USA– und Überseeverlagen, mit denen sie zusammenarbeitet, 3-6 Monate im voraus auf einem vorgedruckten Formular (Abb. 8) bibliographische Informationen über geplante Neuerscheinungen, wie etwa Angaben über den Verfasser, sodann Arbeitstitel, eventuellen Serientitel, Umfang, Bandzahl, voraussichtliches Erscheinungsdatum, ISBN–, LC–Nummer etc.. Zusätzlich werden die Kerndaten des CIP–Programms der Library of Congress[108] ausgewertet und andere Dienste in Anspruch genommen

108) Das Cataloging–in–Publication–Program hat zum Ziel, daß lange vor dem Erscheinungsdatum eines Buches auf der Rückseite des Titelblattes von der Library of Congress alle Kerndaten wie Ansetzungsform des Verfassers oder der Körperschaft, Serienangabe,

(Publisher's Weekly, BNB). Jeder Titel wird an Hand der erhaltenen Informationen von Subject Specialists oder Bibliographers 'pre-profiled', d.h. es wird im voraus ein spezielles Buchprofil erstellt, das sich in seinen wesentlichen Teilen mit den NSPs deckt; z.B. erscheinen auch hier alle wichtigen Charakteristika-Abteilungen wieder (Abb. 9). Die Informationen werden sodann im Computersystem gespeichert, täglich mit der Gesamtheit der Bibliotheksprofile verglichen, insbesondere mit dem 'series standing order file', der ca. 30.000 Eintragungen von Literatur wie Advances in, Progress in, Proceedings, Handbücher mit sehr hohen Auflagen, Loseblattausgaben, gezählte und ungezählte Serienwerke, Jahrbücher u.a. enthält, um in etwa die Zahl an Bestellungen, sei es über Approval Plans oder Standing Orders, zu ermitteln. Der Series Standing Order File ist hierbei von großer Bedeutung. Er umfaßt alle Serien, für die Standing Orders von Bibliotheken bei der Firma bestehen und soll Doppellieferungen über Approval Plans und gleichzeitig über Standing Orders verhindern. Dies ist auch der Grund, weshalb den Bibliotheken empfohlen wird, Approval Plans und Standing Orders möglichst bei demselben Buchhändler in Auftrag zu geben.

Ergeben sich irgendwelche Änderungen von seiten der Verlage oder Reklamationen durch die Firma, weil angekündigte Titel nicht rechtzeitig oder gar nicht erscheinen, so können diese durch das AIP–System intern vorgenommen werden, ohne daß die Bibliotheken Kenntnis davon erhalten. Nach Eingang eines Fahnenabzuges des jeweiligen Werkes werden wiederum intern noch einmal alle Daten überprüft, der Titel aber noch nicht angezeigt. Dies geschieht erst, wenn ein Vorausexemplar, das gewöhnlich mit Luftpost der Firma zugeht, vorhanden ist. In diesem Stadium findet das Advance Information Program seinen Abschluß und wird durch den 'Selective Dissemination of Information Mechanism' (SDI) weitergeführt. Denn erst zu diesem Zeitpunkt werden, sozusagen als Endprodukte des ganzen mehrstufigen Vorgangs, entsprechend den erstellten Profilen die Slips für die Bibliotheken ausgeschrieben, und zwar a) als 'multipart invoices' für Bibliotheken mit Approval Plans und b) als 'multipart announcement forms' für Bibliotheken, die lediglich das New Title Information Program[109] haben (Abb. 10). Diese Slips enthalten alle wichtigen

Klassifikationsnummer und Schlagwörter, die der Inhaltserschließung dienen, eingetragen werden, also alles, was intellektuellen Aufwand erfordert. Die Library of Congress verpflichtete sich, nachdem sie einen Startbetrag von $ 400,000 erhalten hatte, innerhalb von 10 Tagen nach Eingang des Vorausexemplars alle entsprechenden Eintragungen vorzunehmen. Das Projekt läuft inzwischen mit ca. 100 Verlagen

109) Vgl. hierzu die Ausführungen S. 55 f.

Daten über das Buch – dies im Unterschied zu anderen Firmen, deren Ankündigungen bibliographisch teilweise völlig unzureichend sind –, ferner eine Reihe von NSPs als zusätzliche Charakteristika.[110] Die Approval–Rechnungsformulare gelangen zuerst in die verschiedenen Buchverteilungszentralen, wo bereits die Bücher lagern. Nach dem Checking von Büchern und Rechnungen gehen diese zusammen an die Bibliotheken. Die Informationszettel werden hingegen direkt als 'advice notice' an die Bibliotheken geschickt. Als letzte Stufe erfolgt dann intern in der Firma die Aussonderung dieser Titel aus dem 'open order file' in den 'history file'.

Durch das Advance Information Program, das jährlich ca. 46.000 neue Titel ermittelt -- 32.500 englischsprache, 13.500 fremdsprachige –, wird gewährleistet, daß den Bibliotheken nur Titel angezeigt werden, die auch tatsächlich erscheinen, daß sie ferner auch nur in der Form angezeigt werden, in der sie auf den Buchmarkt gelangen. Zudem können Reklamationen, die sich ergeben, bis zum Schluß intern vorgenommen werden. Man kann daher sagen, daß diese mehrstufig aufgebaute Kontrollfunktion neben der Ermittlung des Titelmaterials den anderen wichtigen Bestandteil des gesamten AIP darstellt.

Ein Letztes, was bei dem ganzen Programm von entscheidender Bedeutung ist, muß abschließend noch einmal hervorgehoben werden. Es ist dies der 'update-mechanism', der ganz wesentlich vom sogenannten 'feedback', der Rückinformation von seiten der Bibliotheken, gestützt und getragen wird. Ob Subject Thesaurus oder NSPs, Publisher Master File oder Series Standing Order File oder schließlich Library Profiles – sie alle können nur aktuell, d.h. auf dem laufenden sein und nur dann den Erwartungen aller entsprechend funktionsfähig sein, wenn der Dialog zwischen dem Buchhändler und der Bibliothek im kleinen wie im großen ein ständiger ist.

110) Über Verbesserungen gerade in diesem Bereich vgl. S. 58f.

RICHARD ABEL & CO. INC. S U B J E C T D E S C R I P T O R S 04/[illegible] APP007-[illegible] PAGE 35

21	Library science div	
2102	Library science	
2105	Lib admin & org div	(SA: Spec [illegible] 2130)
210502	Lib admin & org	
210510	Public lib admin	
210520	School lib admin	
210530	Academic lib admin div	
21053002	Academic lib admin	
21053020	Jr college lib admin	(SN: Incl community coll lib)
21053040	College lib admin	
21053060	University lib admin	
21053080	Research lib admin	
210540	Special lib admin	
2110	Lib tech processes div	
211002	Lib tech processes	
211005	Lib cataloging div	
21100502	Lib cataloging	(SN: Incl subject cataloging, descriptive cataloging)
21100510	Lib cards	
21100520	Card catalogs	
21100530	Book catalogs	(SA: Library catalogs-01508020) (SN: For works about book catalogs)
21100560	Cataloging special mtls	
211015	Lib classification	
211025	Serials work	
211035	Lib acquisitions	(SN: Incl exchange programs)
211045	Care & repair of lib mtls	
21104510	Book processing	
21104520	Lib binding	
21104530	Care of non-book mtls	(SN: ie Maps, manuscripts, phono records, films, etc)
211055	Book selection	(SN: Incl collection building)
2120	Lib spec collections	(SA: Library catalogs-books-01508020 for book catalogs of individual libraries' holdings) (SN: The following terms are limited to library mgt of special mtls, as well as relevant manuals, handbooks, etc.)
212010	Rare book collections	
21201020	Rare book cataloging	
21201040	Rare book market	
212020	Manuscript collections	(SA: Lib catalogs-Manuscripts-01508024)
212030	Film collections	
212040	Music collections	
212050	Map collections	(SA: Cartography-151891 for books about maps & globes

Abb. 1: Subject Thesaurus (Auszug)

INDEX ZUM ABEL SACHGEBIETS THESAURUS

Hierarchisch

01 Allgemeines, Allgem. Nachschlagewerke
03 Bildende Kunst
05 Angewandte Kunst, Kunstgewerbe
07 Kunsttheorie, Museen
09 Architektur, Landschaftsarchitektur, Stadtplanung
12 Musik, Tanz, Theater, Film
15 Geisteswissenschaften: Archäologie, Geschichte, Religion, Philosophie, Geographie, Sprachwissenschaft
16 Schöne Literatur
17 Literaturwissenschaft
19 Recht
21 Bibliothekswissenschaft
22 Bibliographie
23 Buchherstellung und -vertrieb
24 Massenkommunikation, Journalismus
27 Wirtschafts- und Sozialwissenschaften: Anthropologie, Psychologie, Soziologie, Politik
30 Militärwissenschaft
33 Sport und Erholung
36 Angewandte Sozialwissenschaften: Angewandte Psychologie, Erziehung, Betriebswirtschaft
39 Interdisziplinäre Sozialwissenschaften: Umweltschutz, Kriminologie
42 Naturwissenschaft (Allgemeines)
45 Biologie
48 Chemie
51 Geowissenschaften
54 Astronomie
57 Physik
60 Mathematik, Statistik
63 Interdisziplinäre Technik
66 Technologie, EDV
67 Nahrungsforschung, Hauswirtschaft
69 Medizin
70 Zahnmedizin
72 Pharmazie
73 Krankenheilkunde
75 Landwirtschaft
76 Fortwirtschaft
77 Tier- und Haustierzucht
78 Naturschutz
81 Veterinärmedizin

Alphabetisch

☐ Allgemeines 01
☐ Anthropologie 2713
☐ Archäologie 1509
☐ Architektur 09
☐ Astronomie 54

☐ Betriebswirtschaft 3680
☐ Bibliographie 22
☐ Bibliothekswissenschaft 21
☐ Biologie 45
☐ Buchherstellung und -vertrieb 23

☐ Chemie 48

☐ EDV 663278
☐ Erziehung 3664

☐ Film 1240
☐ Forstwirtschaft 76

☐ Geisteswissenschaften 15
☐ Geographie 1518
☐ Geowissenschaften 51
☐ Geschichte 1527

☐ Hauswirtschaft 6750

☐ Journalismus 248420

☐ Krankenheilkunde 73
☐ Kriminologie 3980
☐ Kulturgeschichte 152728
☐ Kunst, Angewandte 05
☐ Kunst, Bildende 03
☐ Kunstgewerbe 0560
☐ Kunsttheorie 07

☐ Landschaftsarchitektur 0960
☐ Landwirtschaft 75
☐ Literatur, Schöne 16
☐ Literaturwissenschaft 17

☐ Massenkommunikation 24

☐ Mathematik 60
☐ Militärwissenschaft 30
☐ Museen 0125 u. 0740
☐ Musik 1275

☐ Nachschlagwerke, Allgemeine 0150
☐ Nahrungsforschung 67
☐ Naturschutz 78
☐ Naturwissenschaft (Allgemeines) 42

☐ Pharmazie 72
☐ Philosophie 1536
☐ Physik 57
☐ Politik 2778
☐ Psychologie 2752
☐ Psychologie, Angewandte 3648

☐ Recht 19
☐ Religion u. Theologie 1545

☐ Sozialwissenschaften 27
☐ Sozialwissenschaften, Angewandte 36
☐ Sozialwissenschaften, Interdisziplinäre 39
☐ Sport und Erholung 33
☐ Sprachwissenschaft 1563
☐ Stadtplanung 0970
☐ Statistik 6024

☐ Technik, Interdisziplinäre 63
☐ Technologie 66
☐ Theater, Tanz 1225

☐ Umweltschutz 3905

☐ Veterinärmedizin 81

☐ Wirtschaftswissenschaften 2765

☐ Zahnmedizin 70

Abb. 2: Index zum Subject Thesaurus mit Obergruppen

B = Buch erwünscht   F = Informationskarte erwünscht   N = nichts erwünscht

NON-SUBJECT PARAMETERS	B	F	N
01 ACADEMIC LEVEL			
01 High School			
02 Vocational-Technical			
03 Freshman-Sophomore			
04 Junior-Senior			
05 Upper Division-Graduate			
06 Graduate Research			
07 Other			
02 SPECIALIST LEVEL			
01 Simple			
02 Moderate			
03 Advanced			
04 Specialist Reference			
03 GENL/NON-SPEC LEVEL			
01 Simple			
02 Moderate			
03 Advanced			
04 Creative writing			
05 General Reference			
04 TYPE OF LIBRARY			
01 Univ. - Research Library			
02 Comprehensive College			
03 4 yr Liberal Arts College			
04 Community College			
05 Highly Specialized			
06 Peripheral Books			
07 Forms-non-returnable			
08 Returnable-forms			
09 Vocational Technical			
10 Large Public Library			
11 Medium Public Library			
12 Small Public Library			
05 TYPE OF BOOK			
01 General			
02 Encyclopedic Work			
03 Collected Works			
04 Selected Works			
05 Symposium Proceedings			
06 Festschrift/Melange			
07 Collected Articles Not Previously Pub.			
08 Collected Articles Previously Published			
09 Anthology			
10 Abstracts & Extracts			
11 Catalog			
12 Bibliography			
13 Index			
14 Dictionary Single Language			
15 Dictionary Multiple Language			
16 Thesaurus			
17 Concordance			
18 Commentary			
19 Biographical Dictionary			
20 Directory			
21 Handbook			
22 Data Book/Tables			
23 Atlas			
24 Guide Book			
25 Gazetteer			
26 Workbook/Lab Manual			
27 Programmed Text			
28 Grammar			
29 Dissertation or Thesis			
30 Inaugural or Memorial			
31 Fascicle			
32 Journal Monograph			
33 Reports Literature			
34 Musical Score			
35 Combination Orig-Trans			
36 Large Type			
37 Legal Casebook			
38 Discography			
39 Documentary Collection			
40 Combination PP-NPP (see 07 and 08)			
41 Mss. Facsimile			

OPTION	B	F	N
06 TYPE OF EDITION			
01 Critical Edition			
02 Abridged Edition			
03 Adapted Edition			
04 Limited Edition			
05 Inscribed Edition			
06 Heavily Illus. Book			
07 Heavily Illus. Non-book			
08 Expurgated Edition			
09 Variorum Edition			
10 Translated Edition			
11 General Edition			
12 Heavily Illus. Peripheral			
13 Photo Collections			
07 LANGUAGE OF BOOK			
01 English			
02 German			
03 Danish			
04 Swedish			
05 Norwegian			
06 Dutch			
07 Other Germanic			
08 Irish			
09 Welsh			
10 Latin			
11 Spanish			
12 Portuguese			
13 French			
14 Italian			
15 Other Italo-Celtic			
16 Albanian			
17 Modern Greek			
18 Other Greek			
19 Croatian			
20 Bulgarian			
21 Polish			
22 Czech			
23 Russian			
24 Ukranian			
25 White Russian			
26 Other Balto-Slavic			
27 Armenian			
28 Other Indo-European			
29 Arabic			
30 Hebrew			
31 Other Semitic			
32 Finnish			
33 Hungarian			
34 Other Finno-Ugric			
35 Turkish			
36 Other Uralo-Altaic			
37 Any African			
38 Chinese			
39 Japanese			
40 Other Oriental			
41 Artificial Language			
42 Polyglot incl. English			
43 Polyglot excl. English			
44 Any Other Language			
45 English Summaries			
46 Cyrillic			
08 LANGUAGE OF ORIGINAL IF TRANSLATION			
01 English			
02 German			
03 Danish			
04 Swedish			
05 Norwegian			
06 Dutch			
07 Other Germanic			
08 Irish			
09 Welsh			
10 Latin			
11 Spanish			

Abb. 3: Non Subject Parameters

OPTION		B	F	N
12 Portuguese				
13 French				
14 Italian				
15 Other Italo-Celtic				
16 Albanian				
17 Modern Greek				
18 Other Greek				
19 Croatian				
20 Bulgarian				
21 Polish				
22 Czech				
23 Russian				
24 Ukranian				
25 White Russian				
26 Other Balto-Slavic				
27 Armenian				
28 Other Indo-European				
29 Arabic				
30 Hebrew				
31 Other Semitic				
32 Finnish				
33 Hungarian				
34 Other Finno-Ugric				
35 Turkish				
36 Other Uralo-Altaic				
37 Any African				
38 Chinese				
39 Japanese				
40 Other Oriental				
41 Artificial Language				
42 Polyglot incl. English				
43 Polyglot excl. English				
44 Any Other Language				
45 English Summaries				
46 Cyrillic				
09 TYPE OF PUBLISHER				
01 University Press	U			
02 Trade Publisher	T			
03 Societal Inst	S			
04 University Dept	D			
05 Private Press	P			
06 Government Pub	G			
07 Art Museum	M			
08 Personal Author	A			
09 Corporate Body	C			
10 University (not press)	V			
11 Intl. Quasi-govt. Body	Q			
12 Natl. Public Body (not soc.)	N			
13 Importer/Distributor	I			
14 Avant Garde	B			
15 Private Body	E			
10 PRINTING HISTORY				
01 New				
02 Reprint Unchanged				
03 Reprint Changed				
04 Facsimile				
05 Quasi-Reprint				
11 FORMAT OF PUBLICATION				
01 Paperbound				
02 Hardbound				
03 Spiral or Ring				
04 Pamphlet (under 50 p.)				
05 Oversized Paper				
06 Oversized Hard				
07 Miniature				
08 Portfolio				
09 Non-book-Microcard				
10 Non-Book-Kit				
11 Non-Book-Record				
12 Non-Book-Tape				
13 Non-Book-Film				
14 Non-Book-Microfilm				
15 Combination incl Book				
16 Combination w/o Book				

OPTION	B	F	N
12 TIME CHARACTERISTICS			
01 Pre-Homo			
02 Pre-Literature			
03 Pre 5000 B.C.			
04 5000-2000			
05 1999-1000			
06 999-500			
07 499-001			
08 001-299 A.D.			
09 300-799			
10 800-1099			
11 1100-1199			
12 1200-1399			
13 1400-1599			
14 1600-1699			
15 1700-1749			
16 1750-1799			
17 1800-1849			
18 1850-1899			
19 1900-1917			
20 1918-1939			
21 1940-1949			
22 1950-1959			
23 1960-1969			
24 1970 to present			
25 Future			
26 No Time			
14 TREATMENT OF SUBJECT			
01 History of			
02 Practice & Methods of			
03 Theory of			
04 Criticism of			
05 Collected principles of			
06 Research in			
07 Collecting in			
08 Teaching of/pre-college			
09 Computer applications in			
10 Denom for laymen			
11 Denom for clergy			
12 Role of government in			
13 Instrumentation used in			
14 Equipment used in			
15 Biog treatment			
16 Autobiog treatment			
17 Statistic/math treatment			
18 Legal aspects of			
19 Economics of			
20 Medical aspects of			
21 Business aspects of			
22 Social aspects of			
23 Teaching of/college level			
24 Mgt/admin of			
25 Subj related to art			
26 Subj related to lit			
27 Genl or no spec treatment			
28 Testing of			
29 Humorous treatment			
30 Psychological aspects of			
31 Popular			

PRICE OF BOOK		B	F	N
01. List prices to	$ 1.00			
02 But not to exceed	$ 2.50			
03 But not to exceed	$ 50.00			
04. Greater than the amount above				

Abb. 4: Non Subject Parameters

OPTION	B	F	N
16 COUNTRY OF ORIG. PUB.			
01000			
14 000 Gt. Britain	X		
21 010 Norway through 23 010 Poland		X	
23 020 E. Germany			X
23 030 W. Germany			X
23 040 France		X	
23 050 Switzerland			X
23 060 Austria			X
24 010 Spain through 31 040 Israel		X	
41 000 Canada	X		
42 000 USA	X		
51 070 Mexico		X	
66 000 S. Africa		X	
71 000 Australia	X		
72 000 New Zealand	X		
00001		X	

Anmerkung:

Publikationen, bzw. Informationskarten werden nur aus den von der Bibliothek angegebenen Ländern geliefert. Nebenstehend ist ein Auszug aus der Gesamtliste aller Nationen. Weitere Unterteilung nach Regionen, Ländern und teilweise nach einzelnen Bundesstaaten ist möglich.

14000	GT. BRITAIN
21010	NORWAY
21020	SWEDEN
21030	FINLAND
21040	DENMARK
22010	NETHERLANDS
22020	BELGIUM
23010	POLAND
23020	E. GERMANY
23030	W. GERMANY
23040	FRANCE
23050	SWITZERLAND
23060	AUSTRIA
24010	SPAIN
25010	ITALY
27000	U.S.S.R.
30010	JAPAN
30020	INDIA
30060	PHILIPPINES
31040	ISRAEL
41000	CANADA
42000	U.S.
51070	MEXICO
66000	S. AFRICA
71000	AUSTRALIA
72000	NEW ZEALAND
00001	ALL OTHERS W/O GENERAL
00002	ALL OTHERS INCL GENERAL
01000	ALL CONTINENTS AND COUNTRIES

OPTION	B	F	N
17 COUNTRY OF SOURCE PUB.			
01000			
Same as under NSP 16			
00001			

OPTION	B	F	N
18 GEOGRAPHIC			
00001		X	
00002		X	
14 000 Gt. Britain	X		
23 020 E. Germany	X		
23 050 W. Germany	X		
23 040 France	X		
23 050 Switzerland	X		
23 060 Austria	X		
27 000 USSR	X		
41 000 Canada	X		
42 000 USA	X		
71 000 Australia	X		

Anmerkung:

Diese Einschränkung des Fachgebiets ermöglicht es, nur Werke, bzw. Informationskarten über Bücher zu liefern, die das Fachgebiet innerhalb eines geographisch begrenzten Raumes behandeln.
Im vorliegenden Beispiel werden nur Titel geliefert, die das Gebiet "Bibliothekswissenschaften" in den oben angekreuzten Ländern behandeln. Informationskarten werden über alle weiteren Werke zum Thema geliefert.

SERIES

00001	All others in series	
00002	All others not in series	
00003	Num/mono/not set/not pub	NM
00004	Num/non mono/set/not pub	NS
00005	Num/mono/set	NMS
00006	Num/mono/not set/pub ser	NMP
00007	Num/non mono/set/pub ser	NP
00008	Num/non mono/not pub ser	N
00009	Conf proc/not advances	C
00010	Conf proc/advances	CA
00011	Conf proc/mono	CM
00012	Advances	A
00013	Yearly/num/not rev ed	Y
00014	Journal/num/non mono	J
00015	Editions of mono/num	E
00016	Mono/pub ser/unnum/not set	MP
00017	Mono/set/unnum/not pub set	MS
00018	Mono/unnum/not pub ser	M
00019	Mono/supp to advances	MA
00020	Num/mono/supp to advances	NMA
00021	Organ conf proc	CO
00022	Org yearbook	YO
00023	Num/set/fascicles	SF
00024	Num/set/pub in editions	NSE
00025	Looseleaf updating serv	L
00026	Num yearly/rev edition	YE

19 SERIES TYPE–1ST VOLUME		B	F	N
CODE	NAME			
00009	Conf. proc. / not advances C		X	
00001	All others in series	X		

Serien- und Reihenwerke können vom approval- und information program ausgeschlossen werden. Dies gilt sowohl für Einzeltitel als auch für Serientypen. – Wie dieses Beispiel zeigt (siehe NSP 19 und 20) kann auch der erste Band geliefert und über weitere Bände Information versandt werden.

20 SERIES TYPE–SUBS. VOLS		B	F	N
CODE	NAME			
00001	All others in series		X	

Wird der Code 00002 in Verbindung mit N (nichts) verwandt, erhält die Bibliothek nur Serien- und Reihenwerke, bzw. Information über diese. Monographien, die nicht als Serien- oder Reihentitel erscheinen, können somit vollständig vom Programm ausgeschlossen werden.
Zur Erläuterung der hier verwandten Abkürzungen siehe "Bookmark and Key to 'A Series Catalog'". 'A Series Catalog', 1973 veröffentlicht, enthält 28000 Serien- und Reihentitel mit 34000 Autor- und Titeleintragungen.

Abb. 5: Non Subject Parameters

RICHARD ABEL AND COMPANY, INC.

LIBRARY PROFILE

DATE 2. Januari 1974

NAME OF LIBRARY Universitätsbibliothek .... CODE (Bibliothekscode)

STARTING DATE 1. Juli 1974 SUB-PROFILE NO.

TO BEGIN WITH 19 74 IMPRINTS BUY Y ☒ N

LIBRARY ORDER NO. Bibliothekswissenschaften (wird auf Rechnungen, bzw. Informationskarten gedruckt)

SUB-PROFILE DESCRIPTION

SUBJECT DESCRIPTORS

CODE	NAME	#	B	F	X
2135	Library education	3	X		
2155	Automated lib systems	2	X		
216525	Book collecting		X		
2180	Lib furniture & equipment		X		
2102	Library science			X	
21053002	Academic lib administr			X	
21053060	University lib admin			X	
21053080	Research lib administr			X	
211002	Library techn processes				X
211005	Lib cataloging division				X
211035	Library acquisitions				X
211055	Book selection				X

Bei Eintragung in die Spalte "B" erfolgt automatische Lieferung aller Titel die in dem genannten Fachgebiet erscheinen, ohne irgendwelche Einschränkungen nach Sprachgebiet oder anderen NSP Kriterien. Werden mehrere Exemplare erwünscht, wird die Anzahl neben dem Fachgebiet eingetragen.

Bei Eintragung in die Spalte "F" erhält die Bibliothek Informationskarten über alle Titel aus dem genannten Fachgebiet. Die Auswahl der Informationskarten erfolgt ohne Einschränkungen nach Sprachgebiet oder anderen NSP Kriterien.

Bei Eintragung in die Spalte "X" erfolgt Lieferung der Publikationen, bzw. Auswahl der Informationskarten unter Berücksichtigung der in den NSP Spalten aufgeführten Einschränkungen. So werden z.B. alle englischsprachigen Titel zur Ansicht geliefert und anderssprachige Publikationen durch das Informationsprogramm angezeigt. Die unendlichen Kombinationsreihen der NSP's erlauben grösstmögliche Flexibilität bei Aufbau und Abänderung des Profils.

PUBLISHER EXCEPTIONS

CODE	NAME	B	F	N	X
00496	Library editions			X	
03148	Library of Congress		X		

Eintragung in die Spalte "N" bewirkt, dass Publikationen bzw. Information über Publikationen des genannten Verlages von der Lieferung ausgeschlossen werden.

Eintragung in die Spalte "F" bewirkt, dass nur Informationskarten über Titel des genannten Verlages geliefert werden.

MOORE BUSINESS FORMS INC LA

Abb. 6: Library Profile (Auszug)

FROM:

TO: LIBRARY PROFILING-PDX DATE______________

PROFILE CHANGE FORM

LIBRARY CODE ______ SUB-PRO#______

SUBJECT DESCRIPTORS CHANGES

CODE	NAME	ADD	DELETE	OTHER

NON-SUBJECT PARAMETERS CHANGES

NSP#	FROM	TO		NSP#	CHANGE FROM	TO

PUBLISHER EXCEPTIONS CHANGES

CODE	NAME	ACTION	CODE	NAME	ACTION

USE BACK OF FORM FOR ANY SPECIAL COMMENTS

FORM # 418

Abb. 7: Profile Change Form

RICHARD ABEL & CO. NEDERLAND, N.V.
Scholarly Books in the Arts and Sciences
VAN HALLSTRAAT 167
AMSTERDAM THE NETHERLANDS

NEW BOOK INFORMATION REPORT

From: ....
YOUR NAME

Date: ....

Author/Editor: ....
Complete name

Joint Author/Editor: ....
Complete name

Projected Title: ....

....

Sub-Title: ....

Series Title and
Volume Number: ....

If Conference or Symposium indicate
official name: ....

....

Probable Publication date: ....

Probable price for: Cloth edn. ...., Paper edn. ...., Subscription edn. ....

Proposed book size and number of pages: ....

- ☐ This book is co-published with: ....
- ☐ Simultaneously published by: ....
- ☐ This is our original and new publication.
- ☐ This is a new edition completely revised: ....
  Number and date of previous edition

  If previous edition was not yours, or if your edition is a reprint, please advise:

  Original publisher: ....

  Original title: ....
- ☐ If book is a translation, indicate from what language, and the name of the translator:

  ....
- ☐ If the book consists of mutiple volumes, indicate how many and publication schedule:

  ....

L.C. card number: .... S.B.N.: ....

PLEASE NOTE ANY UNIQUE QUALITIES OF THIS BOOK:

What market areas do you foresee for this book:

Prior works of this author:

Thank you for your help - have a good success with the book.

Richard Abel & Co., Nederland N.V.
Promotion Department

Abb. 8: New Book Information Report

BOOK PROFILE

CA ____ CB ____ OR ____ AB ____ RJ ____ DATE ____

AUTHOR OR TITLE MAIN ENTRY	$M__	
TITLE (if other than main entry)	$TT	
SERIES 1	$S__	SERIES I.D. S____
VOLUME NOTATION	$SV	
SERIES 2	$U__	SERIES I.D. S____
VOLUME NOTATION	$UV	
SERIES 3	$V__	SERIES I.D. S____
VOLUME NOTATION	$VV	

$DA LEVEL (01) DIFF.	$CI TYPE (04) LIB.	$TB TYPE (05) BOOK			$TE TYPE (06) ED.	$LA LANG. (07) BOOK	$LT LANG. (08) ORIG.	$PH PRINT. (10)HISTORY	$FR FORMAT (11)
03 - FS 04 - JS 07 - Other	01 - UR 02 - CP 03 - FY 04 - CM 06 - MQ 07 - F-N 09 - VT 10 - LP	01 - G 02 - E 03 - CW 04 - SW 05 - S 06 - FE 07 - CNP 08 - CPP 09 - AN 10 - AB 11 - CT 12 - BI	13 - IN 14 - DS 15 - DM 16 - TH 17 - CO 18 - CV 19 - BD 20 - DR 21 - HA 22 - DA 23 - AT 24 - GB 25 - GZ 26 - WB 27 - PT	28 - GR 29 - DI 30 - IA 31 - FA 32 - JM 33 - RP 34 - MC 35 - OT 36 - LT 37 - LC 38 - DSC 39 - DOC 40 - CMB 41 - MSS	01 - CR 02 - AB 03 - AD 04 - LM 05 - IN 06 - IB 10 - TRN 11 - GNL 12 - HIP 13 - PHO	01 - ENG 02 - GER 11 - SP 13 - FR 14 - IT 42 - PE	01 - ENG 02 - GER 11 - SP 13 - FR 14 - IT 42 - PE	01 - N 02 - R 03 - E 04 - F	01 - P 02 - H 03 - S 04 - U 08 - L 09 - C 10 - K 11 - R 12 - T 13 - F 14 - M 15 - X 16 - Y

$TI TIME (12)	$TR TREATMENT (14)			$CO CO. OF (16)ORIGIN	$GI GEO- (18)GRAPHIC	$SJ SUBJECT
07 - Pre-Homo/001 13 - 001/1899 24 - 20th Century 25 - Future 26 - No time	01 - H 02 - PM 03 - T 04 - C 05 - CP 06 - R 07 - CI 08 - TP 09 - CA 10 - DL	11 - DC 12 - RG 13 - I 14 - E 15 - BT 16 - AT 17 - SM 18 - LA 19 - EC 20 - MA	21 - BA 22 - SA 23 - TC 24 - MG 25 - A 26 - L 27 - G 28 - T 29 - HT 30 - PA 31 - PO	$CS CO. OF (17)SOURCE		

$LC L.C. CARD NO. | $SB STANDARD BOOK NO.

$CM COMMENT | $PY PUBLICATION YEAR | $PR ORIG. PUB DATE IF REPRINT

$EP EXP. PUB. DATE | $PE ACCESSION # IF PREVIOUSLY BILLED | $LS STOCK LOCATION | $ES EDITION | $VS NO. OF VOLS.

$LP LIST | $LD LIB.DISC. | $CP PUBL DISC. | $PO POST/HANDLG | $BP PRE-PUB PRICE & DATE EXPIRES | $FD FOR/DOM

F D

$PA PUBLISHER # 1	$SS SUBSCRIP. PRICE	$AD ADVANCE DATE	BRANCH	$QA APP QTY	$QB STO QTY
	$RN ABEL ORDER NO.	$QR QUANTITY RECEIVED	P		
$P__ PUBLISHER # 2			C		
	$RS REASON FOR REJECT	$PI PUB. INV. # & DATE	N		
$P__ PUBLISHER # 3	$NT NOTES		E		
	INITIAL		T		

F-292 Rev 10/73

Abb. 9: Book Profile

RICHARD ABEL & Co. — INFORMATIONSKARTEN

(1) A B N P (7) BL P-07E3

(1) ABNP 10586130 INV.NO.
(2) 75-170209 LC NO.

(3) Markowitz, Marvin D
(4) Cross and sword; the political role of Christian missions in the Belgian Congo, 1908-1960. (5)(Stanford Univ. Hoover Instn Pubs, 114)
(6) Hoover Instn
(8) 01vol (9) 1973 (10) ISBN 0-8179-1141-3

BOOK NO A6-883835 05-07-73 /1E
BIBLIOTHEQUE NATIONALE SERVICE ACQ. PARIS
LIST 12.00 CODE MN N NET 12.00 SELLING PRICE (11) 12.00
RICHARD ABEL & CO. SEE BACK A FOR ADDRESS
COPY 1

BL P-07E3

ABNP 10586130 INV.NO.
75-170209 LC NO

Markowitz, Marvin D
Cross and sword; the political role of Christian missions in the Belgian Congo, 1908-1960. (Stanford Univ. Hoover Instn Pubs, 114)
Hoover Instn
01vol 1973 ISBN 0-8179-1141-3

BOOK NO A6-883835 05-07-73 /1E
BIBLIOTHEQUE NATIONALE SERVICE ACQ. PARIS
LIST 12.00 CODE MN N NET 12.00 SELLING PRICE 12.00
RICHARD ABEL & CO. SEE BACK A FOR ADDRESS
ORIGINAL INVOICE

PRINTED IN USA

(12) SUBJECTS: 154572 Missionaries 15459020 Church & state

(13) NSP'S: (b) LIB TYPE: Research.Comprehensive College,Liberal Arts (c) TYPE OF EDITION: General Edition (d) LANG: Engl (e) PUB TYPE: Soc (g) FORMAT: Hardbound (h) SERIES TYPE: Num/mono/not set/not pub (j) ORIG COUNTRY OF PUB: United States

ZEICHENERLÄUTERUNG

1. Bibliothekscode
2. Library of Congress Nummer, wenn vorhanden
3. Autor oder Herausgeber; Herausgeber wir mit "comp" bezeichnet
4. Titel
5. Serie und Bandnummer
6. Verlag; falls kein U.S. Verlag wird Ländercode angegeben
7. Library of Congress Klassifikation (Abel-gekürzte Fassung)
8. Bandzahl; Bezeichnung der Auflage wenn nicht die 1. Auflage
9. Erscheinungsjahr (Copyright Datum); bei Reprints wird auch das ursprüngliche Erscheinungsjahr angegeben
10. ISBN Nummer wenn vorhanden
11. Verkaufspreis in US $. Bei Paperback Ausgaben folgt dem Preis der Buchstabe "p"
12. Schlagwortdeskriptoren und -nummern aus dem Abel-Thesaurus
13. Parameter, die sich nicht auf das Sachgebiet beziehen (non-subject parameters), sondern auf untenstehende Selektionskriterien:
    a) Schwierigkeitsgrad (wird nur für Textbücher angegeben)
    b) Bibliothek für die sich das Buch eignet
    c) Art der Ausgabe (z.B. Translated Edition)
    d) Sprache in der das Buch erscheint
    e) Art des Verlages (z.B. Soc. = Society/Institution)
    f) Nachdrucke werden als "Reprint" angegeben
    g) Format (z.B. Hardbound; Microfilm, etc.)
    h) Serienbezeichnung falls zutreffend (weitere Erläuterung hierzu in unserem "Series Catalog")
    i) Behandlung des Themas, wenn anders als "general" (z.B. History of, Economics of, etc.)
    j) Erscheinungsland

Abb. 10: Information Card

Die Exportbuchhandlung O. Harrassowitz und ihr Approval–Programm

Die Firma O. Harrassowitz, die größte deutsche Exportbuchhandlung, verfügt, was den Bereich von Blanket Orders / Approval Plans angeht, seit beinahe 20 Jahren über umfangreiche Erfahrungen mit Bibliotheken des angelsächsischen Raumes.[111]

Den Ausgangspunkt hierfür bildete der Farmington Plan, in dessen Rahmen die Firma seit 1950 die teilnehmenden amerikanischen Bibliotheken mit wissenschaftlicher Literatur, die im Westen und Osten Deutschlands erschien, belieferte. Im Laufe der Zeit vermehrten sich die Kontakte und Absprachen kontinuierlich – nicht zuletzt in der Nachfolge des Farmington Plan, der trotz aller anhaftenden Probleme und Schwierigkeiten sowohl der Konzeption als auch der Realisierung von umfassenden Blanket Orders / Approval Plans den Weg bahnte –, so daß sich die Zahl der Bibliotheken in den USA, Kanada, Australien und Großbritannien, die mit der Firma feste Verträge haben, auf nunmehr 105 beläuft. Dabei sind die Programme der einzelnen Bibliotheken in sich völlig verschieden, so daß kein Trend zu einer Unifikation festzustellen ist. Seit 1966 liefert die Firma O. Harrassowitz zusätzlich 1 Exemplar von allen Approval–Büchern mit entsprechenden Katalogkarten für das „National Program for Acquisition and Cataloging" (NPAC) der Library of Congress.

Als ideale Form hat sich allmählich der Approval Plan by Subject[112] entwickelt, der sich auf alle wissenschaftliche Literatur des deutschen Sprachraumes (Bundesrepublik Deutschland, DDR, Schweiz, Österreich) erstreckt,[113] wobei, dies muß betont werden, nicht nur deutsch-, sondern auch fremdsprachige Publikationen (z.B. in Englisch, Französisch etc.), sofern sie nur in der bezeichneten Region erschienen sind, Berücksichtigung finden. Es herrscht also das Prinzip

111) Vgl. hierzu das von der Firma herausgegebene „Memorandium on the Harrassowitz Approval Plan. 1973/74." Wiesbaden 1973.

112) Weniger praktikabel wäre eine „selection of publishing firms", die in den USA für die eigene Produktion gebräuchlich ist. Schon allein wegen der großen Anzahl der Verleger ist sie nicht in idealer Weise auf Europa übertragbar.

113) Die Ausdehnung auf den gesamten deutschen Sprachraum wurde deswegen vorgenommen, weil eine Reihe von Verlegern Niederlassungen in den verschiedenen Ländern dieses Sprachraumes gegründet hat und somit bei der Buchauswahl erhebliche Schwierigkeiten entstehen könnten.

des geographischen, nicht des sprachlichen Gesichtspunktes vor. Da nur Titel mit *university level* miteinbezogen werden – auf ausdrücklichen Wunsch sind freilich Ausnahmen möglich –, kommen von den ca. 65000 jährlichen Neuerscheinungen im deutschen Sprachraum bei einer ersten Auswahl lediglich 9000 in Frage, nach eingehender Prüfung letztlich – in Übereinstimmung mit den Wünschen der Bibliotheken – 5500.

Die Auswahl erfolgt in Zusammenarbeit mit entsprechend geschultem Personal durch einen Referenten – vergleichbar mit den Fachreferenten an deutschen Universitätsbibliotheken –, der zugleich die Koordinationsstelle ist, auf Grund langjähriger Erfahrungen über die nötigen Kenntnisse verfügt und die Wünsche der einzelnen Bibliotheken genau kennt. Die Basis für die Auswahl bilden auf der einen Seite die Vorankündigungen im Börsenblatt für den Deutschen Buchhandel, Prospekte, Informationen und Vertreterbesuche von seiten der Verleger, andererseits das sogenannte „subject outline" der Bibliotheken (Abb. 11), das mit dem schon mehrfach zitierten Fachprofil identisch ist, das allerdings ganz auf amerikanische Bibliothekswünsche zugeschnitten ist, ferner weitere Spezifikationen, die gegenüber den vornehmlich globalen Angaben im Subject Outline ein Mehr bis zu 30 % ausmachen können. Zusätze der Bibliotheken wie „comprehensive", „representative" oder „selective" sind weitere Anhaltspunkte für die Auswahl. Wie von Mitarbeitern der Firma zu hören war, zeigen die Erfahrungen der letzten Jahre deutlich einen Zug zur stärkeren Spezifizierung des Systems der einzelnen Sachgebiete.

An Hand dieser Unterlagen nimmt die Firma eine Vorausbestellung einer ungefähren Stückzahl der jeweiligen Publikation vor, um so nach Erscheinen die größtmögliche Lieferschnelligkeit zu gewährleisten. Nach Eingang der Bücher erfolgt eine nochmalige Prüfung und die endgültige Auswahl entsprechend der Bibliotheksprofile. Die Lieferzeit bis zu den Bibliotheken in Übersee dauert bei Büchern, die in der Firma Harrassowitz vorrätig sind, durchschnittlich 6 Wochen, bei Büchern, die von den Verlagen erst beschafft werden müssen, im Normalfall 50 Tage.

Rückgaberecht wird in vollem Umfang eingeräumt, sowohl wenn die gelieferten Bücher außerhalb des Bibliotheksprofiles liegen, als auch im Fall von Dubletten, wobei die Firma, wenn irgend möglich, eine kurze Begründung erbittet, um den Wiederholungsfall zu vermeiden (Abb. 12). Überraschenderweise liegt die Rückgabequote mit 4 % und noch weniger auffallend niedrig. Lediglich in den ersten 9 Monaten nach Beginn eines Approval Plan sind höhere Quoten zu verzeichnen, die aber keinesfalls über 10 % hinausgehen.

Das Approval–Programm umfaßt gewöhnlich alle wissenschaftlichen Neuerscheinungen auf dem Monographiensektor. Auf der Basis der bibliographischen Unterlagen in der Firma sind jedoch auch gerade bei Ergänzungen Rückwärtsbestellungen für den Zeitraum der letzten 10 Jahre möglich. Als Startpunkt für die Aufnahme eines Approval Plan dient immer der „new imprint"-Vermerk im Buch, d.h. wird für das Jahr 1974 ein Approval Plan gewünscht, so werden nicht alle Monographien, die in diesem Jahr erscheinen, geliefert, sondern nur diejenigen, die den Vermerk „1974" tragen. Immerhin sind es bis zur Jahresmitte hin, wie sich statistisch ersehen läßt, 20 % bis 25 % aller Publikationen, die noch den Imprintvermerk des vergangenen Jahres tragen. Auf diese Weise werden gerade in der Anfangsphase eines Approval Plan Dubletten weitgehend eliminiert.

Übersetzungen, Reprints und populärwissenschaftliche Werke sind im allgemeinen ausgeschlossen, doch sind Ausnahmen möglich. Während Zeitschriften generell außerhalb des Approval–Bereichs liegen, werden monographische Serienwerke voll erfaßt. Gewöhnlich wird von den Bibliotheken das erste Exemplar zur Ansicht erbeten und sodann die endgültige Entscheidung gefällt. Für die Vermeidung von Überschneidungen bei Serien zwischen dem Approval Plan auf der einen und eventuellen Standing Orders der Bibliotheken bei der Firma auf der anderen Seite ist durch eine enge Zusammenarbeit der Abteilungen „Approval Order Section" und „Continuation Department" gesorgt. Bestehen Standing Orders bei einem anderen Buchhändler, so erweist es sich entweder als zweckmäßig, diese auf den Approval–Dealer zu übertragen oder die Firma Harrassowitz erwartet genaue Informationen darüber, um in ihrer eigenen Serienkartei die entsprechenden Vermerke anbringen zu können.

Mehrbändige Werke sind nur dann Bestandteil eines Approval Plan, wenn das Erscheinungsdatum des ersten Bandes gleichzeitig oder nach der Aufnahme eines Approval Plan liegt. Bereits laufende mehrbändige Werke werden generell ausgenommen. Das Erscheinen des ersten und letzten Bandes wird den Bibliotheken jeweils durch ein gesondertes Formular angezeigt (Abb. 13 und 14).

Separate Bestellungen, d.h. Einzelbestellungen von seiten der Bibliotheken, gehen zur Vermeidung von Dubletten zuerst an die Approval–Abteilung und werden dort überprüft. Erst dann erfolgt die Versendung.

Einen wichtigen Bestandteil des gesamten Approval–Programmes bildet der „notification plan". Es ist dies eine genaue bibliographische Information für Bibliotheken auf Mehrfachdurchschlägen in dem internationalen Format 3 x 5 (Abb. 15). Die Angaben wie Autor, Titel, Serie, Erscheinungsort, Erscheinungsjahr und LC–Classification sind dabei eng an die LC–Standards angeschlossen.

Von Bedeutung ist, daß die LC–Classification für das entsprechende Sachgebiet oder einzelne Unterabteilungen hiervon, wie sie dem „Outline of the Library of Congress Classification" (Abb. 16) zu entnehmen ist, von den Bibliotheken genau bezeichnet werden. Der Versand der Slips vollzieht sich zweimal in der Woche und ist kostenlos. Eventuelle Bestellungen, die natürlich von der Firma in einer bestimmten Höhe erwartet werden, erfolgen auf der Basis dieser Slips, die später allerdings nicht als Rechnungen dienen.

Sozusagen als letzte Kontrolle für die Bibliotheken dient die Kennzeichnung der ausgewählten Approval–Titel durch die Firma in der wöchentlichen Ausgabe der Deutschen Bibliographie, im Schweizer Buch, in der Österreichischen Bibliographie und deren Übersendung per Luftpost an die Bibliotheken. Dies geschieht freilich nur auf Wunsch mit einer jährlichen Gebühr für alle drei Bibliographien und Porto von ca. $ 180. Daß die Exportbuchhandlung O. Harrassowitz auf gute und intensive Zusammenarbeit mit den einzelnen Bibliotheken großen Wert legt, bedarf keiner weiteren Hervorhebung. Formulare und Informationen, wie sie die Abb. 17 und 18 zeigen, legen dies deutlich dar. Daß ein guter Service eine unabdingbare Voraussetzung ist, versteht sich ebenfalls von selbst. Um diesen aufrechterhalten zu können, werden keine Rabatte gewährt, als Basis dient der Listenpreis des Verlegers. Allerdings werden im Normalfall auch keine Bearbeitungsgebühren erhoben. Der Ausdruck der Rechnungen geschieht über Computer, ab Ende 1974 werden sämtliche rein technischen Arbeitsgänge ebenfalls auf diese Weise erledigt, während die Buchauswahl weiterhin manuell erfolgt.

Es bleibt noch hinzuweisen auf zwei spezielle Arten von Approval Plans der Firma O. Harrassowitz, der „Approval Plan for Music Scores" und den „Oriental Approval Plan", die in der vorliegenden Form auf ihrem Gebiet wohl einmalig sein dürften.

yes	no			
☐	☐	d:	GN	Australia and the Pacific Area
☐	☐	e:	GN	America

13. HISTORY

yes	no			
☐	☐	a:	D	Theory & Philosophy of History; Historiography; Study & Teaching of History
☐	☐	b:	CC-CD	Historic Methodology & Auxiliary Sciences: Bibliography, Archives & Historical Records, Diplomatics, Genealogy, Chronology, Epigraphy, etc.
☐	☐	c:	CB	General History of Civilization & Culture; Universal History
☐	☐	d:	DF, DG	Ancient History
☐	☐	e:	D	General History of Medieval & Modern European Civilization
☐	☐	f:	DK, DL	Scandinavian History including Denmark, Iceland, Norway, Sweden & Finland
☐	☐	g:	DA	History of the British Isles & General Works on the Commonwealth of Nations
☐	☐	h:	DH, DJ	History of the Low Countries in General, Belgium, The Netherlands
☐	☐	i:	DC	History of France
☐	☐	j:	DG, DP	History of Italy, Spain, Portugal
☐	☐	k:	DK	History of Russia & the Soviet Union, Poland
☐	☐	l:	DR	History of South East Europe, Balkan Countries
☐	☐	m:	DD	Central European History up to the Reformation: The Holy Roman Empire & the Surrounding Areas

Abb. 11: Auszug aus dem Subject Outline der Firma O. Harrassowitz. Die vorangestellten Notifikationsmerkmale in Form von Großbuchstaben sind dabei mit den Angaben der LC-Classification – vgl. Abb. 16 identisch.

yes	no			
☐	☐	n:	DB, DD DQ	Central European History from the Reformation to the Present: Germany & the Surrounding Areas, Austria, Czechoslovakia, Hungary, Switzerland
☐	☐	o:	DB, DD DQ	Special History of the Individual German Territories & German Local History
☐	☐	p:	DS	Asian History
☐	☐	q:	DT	African History
☐	☐	r:	DU	History of Australia & the Pacific Areas
☐	☐	s:	E-F	History of North, Central, & South America

14. GEOGRAPHY

yes	no			
☐	☐	a:	G	Geography in General; History of Geography; History of Discoveries & Explorations
☐	☐	b:	GA, GB GC	General Physical Geography; Astronomical & Mathematical Geography; Geodesy; Cartography; Geomorphology; Climatology; Hydrographic Geography; Oceanography & Oceanology
☐	☐	c:	GF	General Anthropogeography; Political & Historical Geography; Social Geography; Economic & Commercial Geography
☐	☐	d:	GA, GB GC	Physical Geography: Regional & Special Studies
☐	☐			1. Germany, Austria, Switzerland
☐	☐			2. Rest of Europe, including Soviet Union
☐	☐			3. Asia

RETURN OF
BLANKET ORDER PUBLICATIONS

This book is being returned on
invoice no. 0072161 of 12 July '72
because:

(X) Not needed: too specialized

( ) Not needed: inappropriate, similar to material already in collection

( ) Not needed: too elementary

( ) Publisher excluded in contract

( ) Subject excluded in contract

( ) Monograph obtained from another dealer

( ) Series obtained from another dealer

( ) Duplicate from Harrassowitz on regular order

( ) Other:

ALDERMAN LIBRARY
UNIVERSITY OF VIRGINIA
CHARLOTTESVILLE, VIRGINIA 22901
USA

Abb. 12

OTTO HARRASSOWITZ LIBRARY AGENCY 6200 WIESBADEN

Ref.: Approval Plan

ATTENTION!

This volume is the first to be published of this title, which will eventually consist of volumes or parts.

Our records have been arranged so that the remaining volumes will be supplied automatically on your Approval Order as they appear.

We only need your confirmation if you prefer to place a separate continuation order for future volumes or parts. Should this be the case, kindly let us have your advice and specific order number.

Very sincerely yours,
OTTO HARRASSOWITZ

Abb. 13

ATTENTION!

This volume is the last volume published of this set.

OTTO HARRASSOWITZ
Wiesbaden/Germany

Abb. 14

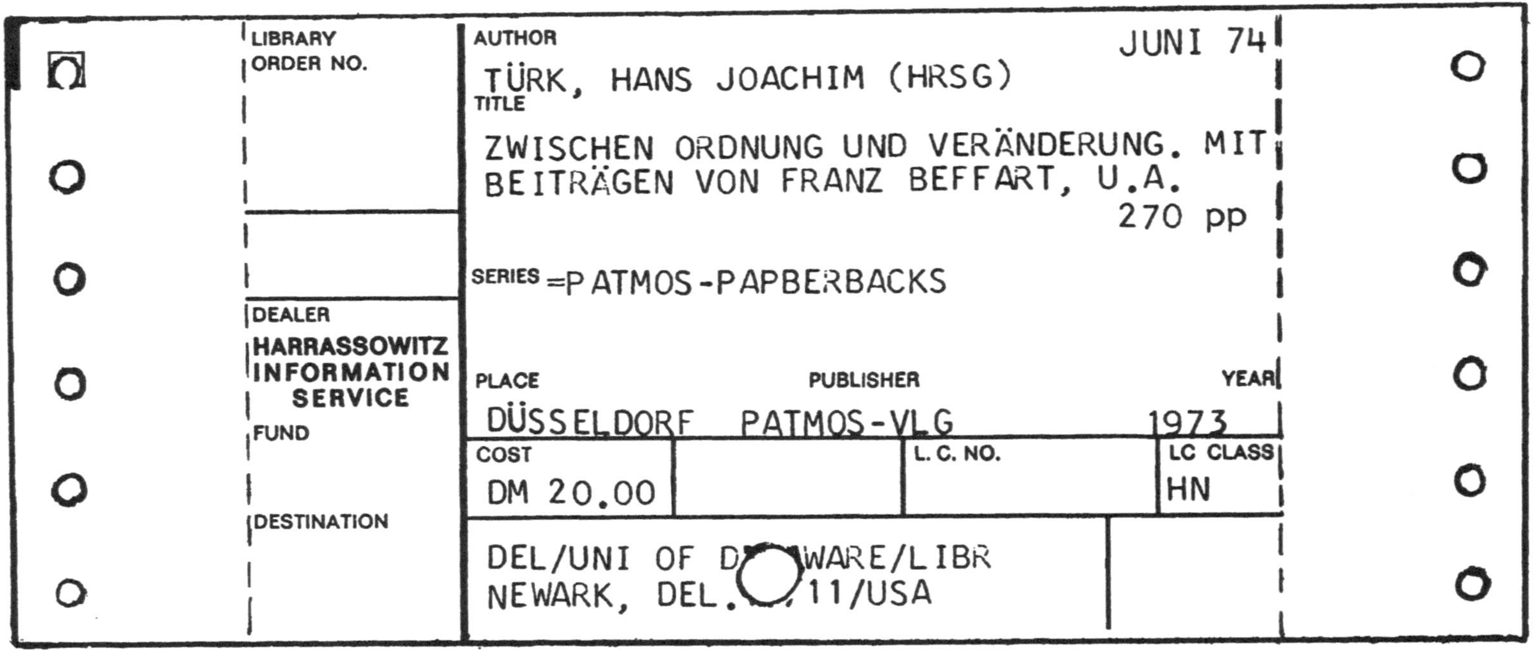

LIBRARY ORDER NO.

DEALER
HARRASSOWITZ INFORMATION SERVICE

FUND

DESTINATION

AUTHOR JUNI 74
TÜRK, HANS JOACHIM (HRSG)
TITLE
ZWISCHEN ORDNUNG UND VERÄNDERUNG. MIT BEITRÄGEN VON FRANZ BEFFART, U.A.
270 pp

SERIES =PATMOS-PAPBERBACKS

PLACE	PUBLISHER	YEAR
DÜSSELDORF	PATMOS-VLG	1973

COST		L. C. NO.	LC CLASS
DM 20.00			HN

DEL/UNI OF D[illegible]WARE/LIBR
NEWARK, DEL.[illegible]11/USA

Abb. 15: Information Slip. Rechts unten die LC-Classification, die mit den Angaben des Subject Outline der Firma O. Harrassowitz genau übereinstimmt.

C

AUXILIARY SCIENCES OF HISTORY

C		Auxiliary sciences of history (General)
CB		History of civilization and culture (General)
		For individual countries, <u>see</u> D-F
CC		Archaeology (General)
		For individual countries, <u>see</u> D-F, GN
	200-260	Bells. Campanology
	300-350	Crosses
CD		Diplomatics. Archives. Seals
	931-4279	Archives
		Including works on the science of archives, guides to depositories, inventories of archival material
CE		Technical chronology. Calendar
		For historical chronology, <u>see</u> D-F
CJ		Numismatics
	4801-5450	Tokens
	5501-6651	Medals and medallions
CN		Epigraphy. Inscriptions
CR		Heraldry
	51-93	Crests, monograms, devices, badges, mottoes, etc.
	101-115	Flags, banners, and standards
	191-1020	Public and official heraldry
	1101-1131	Ecclesiastical and sacred heraldry
	1179-3400	Family heraldry
	3499-4420	Titles of honor, rank, precedence, etc.
	4501-6305	Chivalry and knighthood
		Including tournaments, duels, orders, decorations
CS		Genealogy
	2300-3090	Personal and family names
CT		Biography
		For biography associated with a particular subject, <u>see</u> that subject
	93-206	Collections (General. Universal)
	210-3150	National biography
	3200-3830	Biography of women

D

HISTORY: GENERAL AND OLD WORLD

Including geography and description of individual regions and countries

D		History (General)
	51-95	Ancient history
	111-203	Medieval history
	204-849	Modern history
	501-680	World War I
	731-838	World War II
	901-1075	Europe (General)
DA		Great Britain
	900-995	Ireland
DB		Austria. Czechoslovakia. Hungary
DC		France
DD		Germany
DE		The Mediterranean region. Greco-Roman world
DF		Greece
DG		Italy
DH-DJ		Belgium. Holland. Luxemburg
DK		Russia
		Including Russia in Asia
	401-443	Poland

Abb. 16: Auszug aus dem Outline of the Library of Congress Classification.

Sorry for the delay as indicated by the
old copyright and imprint.
But this title had only recently been announced
and come to our attention.

Sincerely yours
OTTO HARRASSOWITZ

Abb. 17

R E P O R T from: **OTTO HARRASSOWITZ**
6200 Wiesbaden · Germany · POB 349

Date

to: Ref. (Please quote)

With reference to your — order — inquiry — letter — ref.:
dated:
claim of:

We wish to report as follows:

- ○ Supplied with bill of — Please check again.
- ○ Please return defective copy. Replacement will follow after receipt.
- ○ Supplied on your Approval Order with bill of
- ○ Already ordered on order No. dated
- ○ May we send second copy on your new order?

- ○ Not yet arrived. Claimed from the publishers.
- ○ Will be sent with one of our next shipments.
- ○ Discontinued with ○ Complete with
- ○ Plan of publication has been abandoned. Order cancelled.
- ○ Temporarily out of print. Will be reprinted shortly. Order noted.
- ○ Temporarily out of print. Date of reprint to be announced later. Order cancelled.
- ○ Now available. Price below. May we send?

- ○ Not yet published. Order noted.
- ○ Date of publication uncertain. ○ Approximately:
- ○ Your continuation order is noted.

- ○ Forms part of series below. May we send notwithstanding?
- ○ Correct title / correct author / correct price as below. May we send?
- ○ Only available complete. Details as below. May we send?

- ○ Originally published in English. May we send German edition?
- ○ Only identical West German edition available. Will be sent with our next shipment.
- ○ Out of print. Being searched second-hand. We shall offer.
- ○ Not found yet. We continue to search and shall offer.
- ○ Out of print. Cancelled. Further searching hopeless.
- ○ Order cancelled. ○ Only for hire. Cancelled.

If convenient, please reply on this form. Thank you!

- ○ Order confirmed. ○ Order cancelled.

Abb. 18

PURCHASE AGREEMENTS
(Stanford University Libraries)

EXHIBIT 1. INSTRUCTIONS TO A SERIALS VENDOR

1. The attached purchase order is for a serial publication. This subscription is to *begin* with the date or volume specified.
2. This order is to be serviced on an "until forbid" basis. On this basis you should supply us automatically each issue as it is published and continue to supply until a formal cancellation is sent to you.
3. Your invoicing in triplicate should be automatic. It should reach us well in advance of the expiration date so there will be no interruption of service. All *invoices* and *shipments* should be addressed to:

   Serial Department
   Stanford University Libraries
   Stanford, California 94305
4. Indexes and supplementary numbers are to be serviced automatically as part of this subscription.

EXHIBIT 2. ON-APPROVAL AGREEMENT FOR SCIENTIFIC AND TECHNOLOGICAL PUBLICATIONS

The Stanford University Libraries hereby authorize the firm of ______ to send to the address given below scientific and technological publications of significant scholarly value in accordance with the following stipulations and conditions.

This agreement comprises the following:

Section A: General conditions
Section B: Types of material excluded
Section C: Subjects excluded
Section D: Subjects included (refer to Appendix A)
Section E: Shipping instructions

Section A: General Conditions

1. This agreement covers the publications of universities, associations, academies, institutes, and other scientific and professional organizations, and trade presses. All languages in Western alphabets are to be included for the earth and biological sciences, but only English, and the German publications of Springer-Verlag, for other sciences and technology.

2. Books will be sent as soon as possible after publication, even if they have not yet been listed in the relevant bibliographies.

3. The Stanford University Libraries have the privilege of returning for credit to ________ any books sent under this agreement which are not wanted for the Libraries. The firm will credit the Libraries with the full price of such returned books. Returns will be made as promptly as possible.

4. The firm of ________ will clearly mark each title sent to the Stanford University Libraries in the weekly listing of the *Publishers' Weekly* and the *British National Bibliography* for books listed in these sources. These marked lists and all correspondence dealing with this agreement will be sent to:

Head Librarian
Order Department, Science and Technology Books
Stanford University Libraries
Stanford, California 94305

5. The staff of the Stanford University Libraries will check the marked lists, indicating supplementary selections. The relevant pages of the bibliographies will be xeroxed and sent to ________ to serve as orders for these books, which should be sent with subsequent blanket order shipments.

6. No item shall be sent of which the price exceeds $50.00. Any such item which seems desirable for inclusion will be so marked on the bibliography but will not be sent unless selected by one of the Stanford reviewers.

7. This agreement shall be in effect indefinitely, but may be cancelled by either party upon three months' notice to the other.

8. A separate multiple-copy (at least four copies) invoice should be inserted in each title.

Section B: Types of Material Excluded

1. Journals, periodicals, numbered bulletins, *except for the first issue*, which should be sent.

2. Terminal sets, i.e., multi-volume works to be published over a long period of time in a stated number of volumes. Examples are dictionaries, encyclopedias, collected papers and letters, collected works, etc. Standing orders for these will be entered as desired. *However, the first issue should be sent.*

3. Books for children or young people.

4. Books for students *below* the advanced undergraduate level.

5. Manuscripts, typescripts, and television, radio or motion picture scripts.

6. Maps and atlases.

7. Reprints without change, extracts, separates from larger works.

8. Anthologies, books of readings, selections from larger works by one or several authors. But *include symposia* if within other criteria.

9. Government publications, and publications of government associations (UN, UNESCO, FAO, OAS, etc.).

10. Instruction books for trades or professions; manuals for the operation and repair of machinery, equipment, or appliances, trade catalogs, supply catalogs.

11. Theses or dissertations for academic degrees. Dissertations published as treatises by established publishers and offered through the general book trade should be included if they fall within other criteria.

12. Sound recordings of any description.

13. Books from publishers included in blanket order and approval/purchase programs. [See Appendix II, pp. 366-7.]

Section C: Subjects Excluded

Publications on the following subjects from any source are to be excluded. Any that are wanted will be separately ordered.

1. Medicine, dentistry, related topics such as psychiatry and psychotherapy, veterinary medicine.

2. Agriculture, forestry, horticulture, animal husbandry, gardening.

3. Home economics, child care, family living.

4. Gymnastics, athletics, sports, games, hobbies.

5. Calendars, almanacs, university catalogs, schedules.

6. Lists of graduate degrees granted, lists of dissertations and theses, lists of courses of instruction.

7. Annual reports, presidents' messages and addresses, inaugural lectures of officers or faculty. Include lectures given on endowments (e.g., Godkin, West) only if of major scope and evident value.

Section D: Subjects Included

This agreement is designed to bring promptly to the University Libraries currently published works of scholarly value in the fields of science and technology relevant to Stanford's research and teaching programs. Certain subjects, specified in Section C, are to be omitted entirely or in part from this coverage, because they are selected by other procedures, or are collected only selectively. Subjects to be included in the dealer's selection are shown below [pp. 379-82].

Section E: Shipping Instructions

Library materials in the fields of science and technology are to be sent separately from books which are sent under the terms of other agreements. Shipments of materials are to be sent at convenient intervals (e.g., every few days or once a week; the Order Department will consult on this). They should be sent to:

Order Department, Science and Technology Books
Stanford University Libraries
Stanford, California 94305

It is understood that the dealer will pay shipping costs and insurance. Shipments under the blanket order plan for universities should be labelled: "Blanket Order."

Shipments under the approval plan should be labelled: "Approval Order, Science and Technology Books."

For the University Libraries:

Signed:______________________________Date:____________

Typed Name:____

Title:____

For ———:

Signed:______________________________Date:____________

Typed Name:____

Title:____

Subjects Included in Trade Press and Foreign University Approval Agreement

Branner Geological Library

Ceramics
Climatology
Crystallography
Geology
Geophysics
Marine Biology
Mineral Engineering
Mineralogy
Oceanography
Paleobotany
Paleontology
Petrography
Petroleum Engineering
Soils and Soil Mechanics

Chemical Engineering Library
(Note: Material at all university levels and above desired)

Chemical Engineering
Fuel Cells
Fluid and Solid Mechanics
Process Dynamics
Exclude Petroleum Chemistry

Computer Science Library

Include cybernetics, mathematical tables, and all categories in "Classification System for *Computing Reviews*," published in *Comprehensive Bibliography of Computing Literature*. New York, Association for Computing Machinery, 1967. pp. ix-x.

↓
usw.

Florida Atlantic University Library. Technical Services Division. Gross Unit and Unit Cost Statistics July 1, 1968 – June 30, 1969

COMPARISON OF COSTS BETWEEN A TITLE ORDERED SINGLY AND A TITLE RECEIVED THROUGH THE ABEL APPROVAL PLAN

	Title Ordered Singly				Title Received on Approval Plan			
	Gross Unit Costs		Unit Costs		Gross Unit Costs		Unit Costs	
	Minutes	Dollars	Minutes	Dollars	Minutes	Dollars	Minutes	Dollars
Acquisitions	26.31	$1.14	22.06	$1.00	19.435	$ .675	16.03	$ .711
Bibliographic Searching	23.60	1.03	19.38	.832	14.45	.605	12.20	.496
Cataloging	44.46	1.842	34.57	1.425	44.46	1.842	34.57	1.425
TOTAL	94.37	4.01	76.01	3.257	78.345	3.122	63.07	2.632

Percent of saving of approval plan book over a title ordered singly:

	% Savings Minutes	% Savings Dollars
Gross Unit Cost	16.9%	22.5%

Gross dollar savings on 10,651 titles -- $14,538.62
Gross Savings in minutes on 10,651 titles -- 321,979

Average cost of a title received on the Approval Plan	$8.37
Average cost of a title ordered singly	$9.25
Average discount for a title received on the Approval Plan	11.1% plus 8% in labor savings = 19.1%
Average discount for a title ordered singly	6.9%

Literaturverzeichnis

Die Beiträge in Sammelbänden werden unter ihrem jeweiligen Autor aufgeführt. Der Titel des entsprechenden Sammelbandes wird gesondert zitiert.

ACQUISITION of Foreign Materials for U.S. Libraries. Compiled and ed. by Theodore Samore. Metuchen N.Y., 1973.

ADVANCES in Understanding Approval and Gathering Plans in Academic Libraries: Ed. by P. Spyers-Duran und D. Gore. Kalamazoo 1970. (Proceedings of the Second International Seminar on Approval and Gathering Plans in Large and Medium Size Academic Libraries, Held at Western Michigan University on October 30-31, 1969)

ANDERSON, L.W.: Internal System for Handling Approval Plans: A Case Study. In: Economics of Approval Plans . . . 1972. S. 58-81.

APPROVAL and Gathering Plans in Academic Libraries: Ed. by P. Spyers-Duran. Littleton 1969. (Proceedings of the International Seminar on Approval and Gathering Plans in Large and Medium Size Academic Libraries, Held at Western Michigan University, November 14, 1968)

ATKINSON, H.C.: Faculty Appraisal of an Established Approval Plan. In: Advances in Understanding Approval . . . Plans 1970. S. 99-109.

AXFORD, H.W.: The Economics of a Domestic Approval Plan. CRL 32. 1971. S. 368-375.

BAUHUIS, W.: Erwerbung, Katalogisierung und Magazinierung in Amerikanischen Wissenschaftlichen Bibliotheken. In: Zur Praxis der Wiss. Bibliotheken . . . S. 85-147.

BOSS, R.W.: Automation and Approval Plans. In: Advances in Understanding Approval . . . Plans . . . 1970. S. 19-34.

BOYER, J.W.: Selective Duplication and Approval Plans. In: Advances in Understanding Approval . . . Plans . . . 1970. S. 85-97.

BROWNE, J.P.: Can Blanket Order Help the Small College Library? LRTS 12. 1968. S. 142-144.

CHAPIN, R.E.: Summary Statement. In: Economics of Approval Plans . . . 1972. S. 117-124.

DAHL–HANSEN, A. und R.M. Dougherty: Acquisitions in 1967. LRTS 12. 1968. S. 177-185.
Acquisition Trends 1968. LRTS 13. 1969. S. 373-379.

DANTON, J.P.: Book Selection and Collections: A Comparison of German and American University Libraries. New York 1963. (Columbia University Studies in Library Science. Bd. 12).

The Subject Specialist in National and University Libraries with Special Reference to Book Selection. Libri 17. 1967. S. 42-58.

DE VOLDER, A.: Approval Plans. Report. Unveröffentlicht.

DUDLEY, N.: The Blanket Order. Library-Trends 18. 1970. S. 318-327.

ECONOMICS of Approval Plans: Ed. by P. Spyers-Duran und D. Gore. Westport 1972. (Proceedings of the Third International Seminar on Approval and Gathering Plans in Large and Medium Size Academic Libraries, Held in the Ramada Inn, West Palm Beach, Florida, February 17-19, 1971).

EDELMAN, H.: The Death of the Farmington Plan. LJ 98. 1973. S. 1251-1253.

ENCYCLOPEDIA of Library and Information Science: Bd. 2. Ed. by A. Kent and H. Lancour. New York 1969.

EVANS, G.E.: Book Selection and Book Collection Usage in Academic Libraries. LQ 40. 1970. S. 297-309.

FERRIS, H.D.: Automated Selection of Duplicate Titles through Approval Plans. In: Advances in Understanding Approval . . . Plans. 1970. S. 67-83.

GESAMTPLAN für das wissenschaftliche Bibliothekswesen: Bd. 1. Universitäten. Hrsg. von der Arbeitsgruppe Bibliotheksplan Baden-Württemberg. 2. Aufl. Pullach b. München, 1973.

GORE, D.: Adopting an Approval Plan for a College Library. The Macalester College Experience. In: Economics of Approval Plans . . . 1972. S. 24-35.
Understanding Approval Plans. In: Advances in Understanding Approval . . . Plans . . . 1970, S. 3-17.

GORMLEY, M.M.: Why Approval Plans Fail. In: Economics of Approval Plans . . . 1972. S. 50-57.

GREENAWAY, E.: The „Get –' 'Em – All" Theory of Book Buying. LJ 85. 1960. S. 3387-3388.

GREN, E.: Zur Frage der Methode der Bücherauswahl in den wissenschaftlichen Bibliotheken. Libri 9. 1959. S. 69-78.

GRIEDER, E.M.: Letter to the Editor. CRL 31. 1970. S. 341-344.

HANDBUCH der Bibliothekswissenschaft: Bd. II. Begründet von Fritz Milkau. 2. verm. u. verb. Aufl., Hrsg. von Georg Leyh. Wiesbaden 1961.

HARO, R.P.: Book Selection in Academic Libraries. CRL 28. 1967. S. 104-106.

HEISE, P.: Herstellender und verbreitender Buchhandel in den USA. Übers. von S. Taubert. 2. Aufl., Hamburg 1967. (Berichte des Instituts für Buchmarkt-Forschung. Sondernummer März 1966).

HERRNBERGER, K.: Das Kaufverhalten bei wissenschaftlicher Literatur. Ein Beitrag zur sektoralen Absatzpolitik wissenschaftlicher Buchverlage. Hamburg 1972.

JENNISON, P.S.: Book Trade. In: Encyclopedia of Library and Information Science. Bd. 2 . . . S. 688-706.
KOSA, G.A.: Book Selection Trends in American Academic Libraries. The Australian Library Journal 22. 1972. S. 416-424.
KRAFT, M.: An Argument for Selectivity in the Acquisition of Materials for Research Libraries. LQ 37. 1967. S. 284-295.
LANE, D.O.: The Selection of Academic Library Materials, A Literature Survey. CRL 29. 1968. S. 364-372.
Total Effect of Approval Plans on the Nation's Academic Libraries. In: Economics of Approval Plans . . . 1972. S. 36-49.
LEONARD, L.E., J.M. Maier und R.M. Dougherty: Centralized Book Processing, A Feasibility Study Based on Colorado Academic Libraries. Metuchen 1969.
MC CULLOUGH, K.: Approval Plans: Vendor Responsibility and Library Research. A Literature Survey and Discussion. CRL 33. 1972. S. 368-381.
MELCHER, D.: Melcher On Acquisition. Chicago 1971.
MERRITT, L.C.: Are We Selecting or Collecting? LRTS 12. 1968. S. 140-142.
MEYER, B.J., und J.T. Demos: Acquisitions Policy for University Libraries: Selection or Collection. LRTS 14. 1970. S. 395-399.
MOON, E.: The Sanctity of Book Selection. LJ 85. 1960. S. 3400.
MORRISON, P.D.: A Symposium on Approval Order Plans and the Book Selection Responsibilities of Librarians. LRTS 12. 1968. S. 133-139.
RANEY, L.: An Investigation into the Adaptability of a Domestic Approval Program to the Existing Pattern of Book Selection in a Medium – Sized Academic Library.
Doct. Diss. in the Graduate Library School, Indiana University 1972.
READY, W.B.: Acquisition by Standing Order. LRTS 1. 1957. S. 85-88.
REBULDELA, H.K.: Review of Approval Plan Methods. In: Economics of Approval Plans . . . 1972. S. 82-93.
Some Administrative Aspects of Blanket Ordering: A Response LRTS 13. 1969. S. 342-345.
REDENBACHER, F.: Berufsstand und Ausbildung der Amerikanischen Bibliothekare. In: Zur Praxis der Wissenschaftlichen Bibliotheken in den USA . . . 1956. S. 1-35.
Die Erwerbung. In: Handbuch der Bibliothekswissenschaft Bd. II . . . S. 113-241.
ROGERS, R.D. und D.C. Weber: University Library Administration. New York 1971.
ROUSE, R.: Automation Stops Here: A Case for Man-made Book Collections. CRL 31. 1970. S. 147-154.

SAVARY, M.J.: The Latin – American Cooperative Acquisitions Program – An Imaginative Venture. New York 1968.
SCHAD, S.G.: Letter. CRL 31. 1970. S. 346-347.
SCHAD, J.G. und R.L. Adams: Book Selection in Academic Libraries: A New Approach. CRL 30. 1969. S. 437-442.
SHEPARD, S.A.: Approval Books on an Small Budget? LRTS 12. 1968. S. 144-145.
STEELE, C.: Blanket Orders and the Bibliographers in the Large Research Library. Journal of Librarianship 2. 1970. S. 272-280.
TALMADGE, R.L,: The Farmington Plan Survey: An Interim Report. CRL 19. 1958. S. 375-383.
TEHNZEN, J. und W. Jacob: Probleme der Literatur-Versorgung. Überlegungen nach einem Besuch der National Lending Library, Boston Spa, England. In: Nachrichten für Dokumentation 24. 1973. S. 167-178.
THOMPSON, L.S.: The Dogma of Book Selection in University Libraries. CRL 21. 1960. S. 441-445.
WEDGEWORTH, R.: Foreign Blanket Orders: Precedent and Practice. LRTS. 14. 1970. S. 258-267.
WILDEN–HART, M.: The Long-term Effects of Approval Plans. LRTS 14. 1970. S. 400-406.
WILLIAMS, E.E.: Farmington Plan Handbook. Bloomington 1953.
ZUR Praxis der Wissenschaftlichen Bibliotheken in den USA. Wiesbaden 1956. (Beiträge zum Buch- und Bibliothekswesen. Bd. 5.)

BIBLIOTHEKSPRAXIS

Herausg. von Paul Kaegbein, Franz G. Kaltwasser, Wolfgang Kehr, Günther Pflug, Joachim Wieder

Band 1 Paul Niewalda
Die Elektronische Datenverarbeitung im Bibliothekswesen
1971. 135 Seiten. Linson DM 28,–
ISBN 3-7940-4001-5

Band 2 Gisela Schoch
Die Informationsmittel einer Universitätsbibliothek
Ihre Nutzung durch die studentischen Leser
1971. 178 Seiten mit 53 Tabellen. Linson DM 24,–
ISBN 3-7940-4002-3

Band 3 Frank Heidtmann
Materialien zur Benutzerforschung
1971. 178 Seiten mit zahlr. Tabellen und 22 Seiten Anhang. Linson DM 32,–. ISBN 3-7940-4003-1

Band 4 Gerhard Kissel
Betriebswirtschaftliche Probleme wissenschaftlicher Bibliotheken
1971. 127 Seiten mit 5 Schaubildern. Linson DM 28,–
ISBN 3-7940-4004-X

Band 5 Werner Ascher
Organisationsprobleme eines Hochschulbibliotheks-systems
1972. 109 Seiten und 1 Karte. Linson DM 24,–
ISBN 3-7940-4005-8

Band 6 **The Exchange of Bibliographic Data and the MARC Format**
Austausch bibliographischer Daten und das MARC Format
1972. 196 Seiten mit zahlr. Übersichten. In Deutsch und Englisch. Linson DM 32,–. ISBN 3-7940-4006-6

Band 7 **Audio-visuelle Medien in Hochschulbibliotheken**
Seminar in der Universitätsbibliothek Bochum, März 1972
Hrsg. von Eckhard Franzen und Günther Pflug
1972. 103 Seiten. Linson DM 24,–
ISBN 3-7940-4007-4

Band 8 Dietrich Poggendorf
Anleitung für die Katalogisierung in Institutsbibliotheken
1974. 136 Seiten. Linson DM 24,–
ISBN 3-7940-4008-2

Band 9 **EDV in englischen und irischen 3ibliotheken und Dokumentationseinrichtungen**
Bericht über eine Studienreise deutscher Bibliothekare im Herbst 1971
Hrsg. von Rudolf Frankenberger und Paul Niewald
1973. 88 Seiten mit 3 Abbildungen und 2 Tabellen
Linson DM 24,–. ISBN 3-7940-4009-0

Band 10 **Bibliotheksautomatisierung in den USA und in Kanada**
Bericht über eine Studienreise von fünf deutschen Bibliothekaren im Jahre 1972
Herausg. von Walter Lingenberg
1973. 149 Seiten, 8 Abbildungen. Linson DM 28,–
ISBN 3-7940-4010-4

Band 11 **Bibliotheksbau und Bibliothekstechnik**
Ein Kompendium für Bibliothekare
Herausg. von Franz-Heinrich Philipp
1973. 144 Seiten, 7 Tabellen, 2 Übersichten
Linson DM 28,–. ISBN 3-7940-4011-2

Band 12 **Informationen zum Bibliotheksbau**
Herausg. von Franz Künzl in Zusammenarbeit mit der Kommission für Baufragen im Verein Deutscher Bibliothekare (VDB)
1974. 176 Seiten. Linson DM 32,–
ISBN 3-7940-4012-0

Band 13 **Personalbedarfsermittlung in dezentralen Bibliotheken**
Ergebnisse einer mit Unterstützung der Deutschen Forschungsgemeinschaft durchgeführten Untersuchung von Rainer H. Klar, Werner Sämann und Gabriele Daume
1974. 136 Seiten, zahlreiche Tabellen, 4 Anlagen
Linson DM 24,–. ISBN 3-7940-4013-9

Band 14 Ekkehard Arnold
Approval Plans als Instrument der Literaturerwerbung
1975. ca. 100 Seiten. Linson ca. DM 24,–
ISBN 3-7940-4014-7

VD **Verlag Dokumentation München**
8023 Pullach · Postfach 148 · Tel. (089) 7932121